O H O
English conversation!
おほ英会話

おどろくほど

ほんとに楽しく

えいごを学べると

いうとりますけども

かなり面白いので

いっ冊買っといて
　　　損はないと

わーわー
言うとりますけども

はじめに

「頭の中で考えたことをパッと英語で言えるようになりたい」
「いざ英語を話すときには簡単な会話さえもできない…」
「フレーズを何度見ても、なかなか覚えられない…」
英語の指導をしていて、私たちはこのようなご相談をたくさん受けてきました。

本書は、そんな悩みを解決するための英会話フレーズ本です。

英語で「パッと言える」状態にするためには、ただ黙々とフレーズを覚えるのではなく、言いたい内容を瞬間的に発話するトレーニングが必要です。本書では、「イラストと和訳（言いたい内容）を見る」→「英語でパッと発話する」というトレーニングができる作りになっています。ページをめくりながら瞬間的に発話する練習を繰り返すことで、最終的に実際の場面でも「パッと言える」ようになります。

人の記憶は感情と深く結びついています。楽しかった、感動した思い出はいつまでも記憶に残っていますよね。そこで私たちは「覚えられない」という問題を解決するために、感情に結びつけてフレーズを覚えるような仕組みができないかと考えました。今回こだわったのが、「イラスト」です。本書では、印象的なイラストを使ってトレーニングをすることで、あなたの感情を動かし、フレーズを一度覚えたら忘れにくくなるように工夫しています。

イラストはお笑い芸人のおほしんたろうさんに、本企画のために書き下ろしていただきました。おほさんのじわじわくる＆クセになるイラストを見て、楽しみながらいつの間にか実用的な英会話フレーズが身につく。そんな1冊です。

あなたが本書を通じて、
英語を学ぶ楽しさを感じていただけることを心より願っています。

メディアビーコン

CONTENT

Chapter 1 あいさつ・日常会話

自分のことを話す・相手のことを聞く

Chapter 3 感情や状況を説明する

Chapter 4　反応する・相づちを打つ

本書の使い方

右ページ

イラストと日本語のセリフを見て、
英語でどう言うのかを考えてみよう。

 めくった左ページ

ページをめくって、英語での言い方をチェック。フレーズの詳しい解説を確認したら、関連表現や例文も合わせて覚えておこう!

付属音声について

次の **2** つの方法で音声をご利用いただけます。

①スマートフォンのアプリで聞く

音声再生アプリ「my-oto-mo」に対応しています。
スマートフォンかタブレットで下の **URL** または二次元コードにアクセスし、アプリをダウンロードしてください。

https://gakken-ep.jp/extra/myotomo/

※ アプリケーションは無料ですが、通信料はお客様のご負担になります。

②パソコンで音声をダウンロードして聞く

下記の**URL**にパソコンからアクセスいただき、ページ下方の【語学】から『おぼ英会話』を選択し、音声ファイルをダウンロードしてください。

https://gakken-ep.jp/extra/myotomo/

Chapter 1

あいさつ・日常会話

初対面の相手に会って…

はじめまして。

Nice to meet you.

はじめまして。

「あなたにお会いできて嬉しいです」という意味合い。「〜に会う」は meet のほかに see という単語も思い浮かびますが、初対面の場面では meet を使うことに注意しましょう。

このフレーズは、カジュアルな場面はもちろん、ビジネスの場でも使うことができます。これに答えるときは、Nice to meet you, too.「こちらこそ、はじめまして」などと言いましょう。

Extra Phrases
一緒に覚えておきたい！

It's a pleasure to meet you.
お会いできて光栄です。

☞ かなりフォーマルな言い方。

I'm glad to meet you.
お会いできて嬉しいです。

This is my first time to contact you.
はじめてご連絡させていただきます。

☞ E メールでのやりとりに。

長く会っていなくて…

おひさしぶりですね。

英語でどう言う？ ☞

It's been a long time.
お久しぶりですね。

相手と久しぶりに会った、もしくは久しぶりにやりとりをするときに使う表現。比較的カジュアルなニュアンスがあります。

会っていなかった期間がそんなに長くなければ、It's been a while. とも言います。a while は「しばらく」という意味です。逆に、その期間が長いことを強調する場合は、a long time の誇張表現 ages を使って It's been ages. と言いましょう。

Extra Sentences
こんな言い方もできる！

Long time no see.
久しぶりだね。

☞ 直接、相手と会っているときにのみ使う。

How have you been?
元気にしてた？

I haven't seen you for a long time.
ご無沙汰しております。

☞ ビジネスの場で使えるフォーマルな表現。

相手の調子を聞いて…

今日の調子はどうですか?

英語でどう言う? 👉

How are you today?

今日の調子はどうですか？

How are you today? は、あいさつの一種。単に相手の体調などを確認したいということではなく、相手とコミュニケーションをとるきっかけ作りのために使われることがほとんどです。ネイティブは Hi. や Hello. とあまり変わらない感覚で使うので、How are you today? に対して、調子を答えずに Hi. と返すこともあります。

Extra Sentences
こんな言い方もできる！

What's up?
最近どう？

☞ 特に親しい人に使う、くだけた表現。

How's it going?
調子はどう？

☞ 「ハウジィッゴーウィン？」のように発音する。

How's everything?
調子はどう？

近況や調子を聞かれて…

おーー　あーー

調子はどう？

まあまあです。

Not too bad.
まあまあです。

相手に調子を聞かれたとき、よくも悪くもないというニュアンスを含めて返事をする場合に使える表現。直訳すると「そんなに悪くない」という意味です。
ネガティブな印象を受ける人もいるかもしれませんが、どちらかと言うと「いい」寄りの言い方です。「すごくいいというほどでもないけど、結構いいよ」という感覚ですね。

Same as usual.
相変わらずだよ。

☞「いつもと同じ」という意味。

Nothing much.
普通だよ。

☞「特に目立ったことはない」というニュアンス。

I'm doing okay.
まあまあ元気。

調子を聞かれて
無難に答えたいとき…

元気です。

英語でどう言う？ ☞

I'm fine.

元気です。

「調子はどう？」「元気？」と聞かれたときに答えるフレーズで、カジュアルな場面でもフォーマルな場面でも使えます。

「すごく元気」という意味ではなく、言い方によっては無愛想な印象を持たれてしまうので、トーンを上げて言うようにしましょう。また、いつも同じ返し方をしたくないという方は、下で挙げている答え方も覚えておくと便利です。

☞ Extra Sentences
こんな言い方もできる！

I'm good.
いい感じです。

☞ I'm fine. よりも「いい」イメージ。

Pretty good.
なかなか調子いいよ。

☞ 主語を省略するとカジュアルな表現に。

I'm great!
絶好調だよ！

Situation 006

不調を伝えて…

体調がよくありません。

I'm not well.

体調がよくありません。

自分の体の調子が悪いことを伝えるフレーズです。well には「健康な」という意味があるので、直訳すると「私は健康ではありません」となります。

また、さらに具体的な症状を伝えるなら、I caught a cold.「風邪をひいてしまいました」、I have a headache/stomachache.「頭／お腹が痛いです」、I have a fever.「熱があるんです」などと説明しましょう。

Extra Sentences
こんな言い方もできる！

I'm in bad shape.
具合が悪いです。

☞ shape には「調子、状態」という意味がある。

I'm not feeling well.
気分が悪いです。

I'm a bit under the weather.
ちょっと具合が悪いんです。

☞ ネイティブがよく使う決まり文句。

相手の様子を見て…

元気そうですね。

You look great.

元気そうですね。

相手の様子を見たところ、調子がよさそうなときに使います。look には「見る」という意味があるので、「〜に見える、〜そう」というように、"目で見て"感じたことを伝えることができます。

また、You look 〜 .「（あなたは）〜そうですね」という表現は気遣いを示すときにも使える便利な表現。下のような使い方も合わせて覚えておきましょう。

You look so happy.

すごく嬉しそうだね。

You look a little tired.

少し疲れてるみたいだね。

☞ a little は「少し」。

You look nervous.

緊張してるみたいだね。

物事の状況を尋ねて…

仕事はどんな調子ですか？

英語でどう言う？

How's your work going?

仕事はどんな調子ですか？

How's 〜 going? は、「〜はどんな調子ですか?」という意味の表現。How は「どのように」という意味なので、直訳すると「〜はどのように進んでいますか?」となります。

この表現を使って、仕事や作業の進捗状況、プロジェクトの進展など、さまざまな物事の状況を尋ねることができます。How's の後ろに、状況を確認したいものを続けて応用しましょう。

Pattern Practice

こんなふうに使う！

How's your life going?
生活は順調？

How's everything going?
調子はどう？

☞ 具体的に何とは言わずに、「(いろいろ含めて) 調子どう?」と聞く表現。

How's the project going so far?
今のところプロジェクトはどう？

☞ so far は「今のところ」という意味。

相手の家族の近況を尋ねて…

こないだ料理したらカマボコと消しゴム間違っちゃってさ～

ハハハ

家族の誰も気付かなかったよ!!

ご家族は元気ですか？

How is your family?

ご家族は元気ですか？

あいさつの一環として使う、相手の家族の近況を尋ねる表現です。基本的に、相手の家族のことを知っている場合に使います。

自分がこの質問をされた場合は、単に They're fine.「彼らは元気です」と答えるだけだとそっけない印象を与えてしまう可能性があります。下の例のように、近況を一言二言つけ加えて報告するようにしましょう。

Extra Phrases
一緒に覚えておきたい！

My daughter loves going to school.
娘は楽しく学校に通っています。

My brother has been feeling down lately.
兄は最近落ち込んでいます。

☞ feel down で「落ち込む」という意味。

My husband is busy with his work.
夫は仕事で忙しくしています。

☞ be busy with ～で「～で忙しい」という意味。

第三者を通じて誰かに
あいさつを伝えるときに…

桃太郎によろしく
お伝えください。

英語でどう言う？ 👉

Please give my regards to Momotaro.

桃太郎によろしくお伝えください。

regards という語には「よろしくというあいさつ」という意味があります。give my regards to ～ を直訳すると「私のあいさつを～に与える」となり、すなわち「～によろしく伝える」という意味の表現になります。

逆に相手にこう言われた場合は、Sure.「もちろんです」や I'll do that.「そうします」と返すことができます。

Send my best regards to Mr. Smith.
スミスさんによろしくお伝えください。

☞ give の代わりに send を使うこともできる。

Please say hello to Mary for me.
メアリーによろしく伝えておいて。

☞ say hello to ～は give my regards to ～よりもカジュアルな表現。

Could you say hello to your family?
ご家族によろしくお伝えいただけますか？

待ち合わせの相手が来て…

お待ちしておりました。

英語でどう言う？ ☞

31

I've been expecting you.
お待ちしておりました。

have been *doing* という形は、たった今、直前まで継続していた動作を表すことができます。ここでの expect は「(人) が来るのを待つ」という意味で、心待ちにしているというようなポジティブなニュアンスがあります。

ビジネスの場面でも使うことができ、会話のスムーズな切り出しに役立つフレーズです。

☞ **Extra Sentences**
こんな言い方もできる！

I've been looking forward to meeting you.
あなたにお会いするのを楽しみにしていました。

☞ look forward to ～で「～を楽しみにする」。

There you are!
来た来た！

I've been waiting for you.
待っていましたよ。

☞ 相手が遅れて来た場合に使う。

天気が気になって…

明日の天気は どうですか？

What's the weather like tomorrow?

明日の天気はどうですか?

What's 〜 like? で「〜はどんな感じですか?」という意味。最後の tomorrow の部分を言い換えれば、特定の日や場所の天気を尋ねることができます。What's the weather like on Sunday?「日曜日の天気はどうですか?」や What's the weather like in Tokyo?「東京の天気はどうですか?」のようになります。

Extra Sentences
こんな言い方もできる!

How will the weather be tomorrow?
明日の天気はどうですか?

☞ 「晴れ」や「曇り」など具体的な天気の種類ではなく、「良い」「悪い」など相手の意見を尋ねるニュアンス。

Do you think it will rain tomorrow?
明日、雨降ると思う?

What does the weather forecast say?
天気予報ではなんて言ってる?

☞ weather forecast で「天気予報」。

晴れた日のあいさつで…

いいお天気ですね。

The weather is beautiful.

いいお天気ですね。

beautiful は「美しい」という意味で覚えている人が多いですが、このフレーズのように「天気がいい」と言う場合にも使うことができます。beautiful day「天気のいい日」、beautiful weather「いい天気」というふうに使われます。天気の話題は軽い雑談にもぴったりなので、会話を切り出すときに便利なフレーズですね。

Extra Sentences
こんな言い方もできる！

What a beautiful day!
なんて天気のいい日でしょう！

☞ What a ～ day! で「なんて～な日でしょう！」という意味を表せる。

It's such a nice day.
とても天気がいいですね。

Beautiful day, isn't it?
いい天気ですよね。

☞ It is a beautiful day, isn't it? の省略形。

気候が変わって…

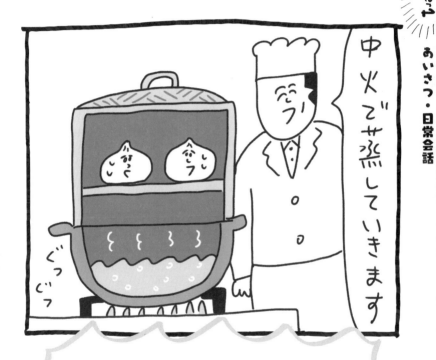

中火で蒸していきます

暖かくなってきましたね。

英語でどう言う？

It is getting warmer.

暖かくなってきましたね。

be getting 〜で「〜になってきている」と、徐々に移り変わっていく様子を表すことができます。このフレーズでは、「(以前と比べて)徐々に暖かくなってきている」という最近の気候の変化を表しています。

warmer の部分を変えれば、It is getting cold.「寒くなってきましたね」、It is getting dark.「暗くなってきましたね」のようにバリエーションが広がりますよ。

 Extra Phrases
一緒に覚えておきたい！

It is hot and humid recently.
最近は蒸し暑いですね。

☞ hot and humid で「蒸し暑い」。

It's chilly these days, isn't it?
最近、肌寒いですよね。

☞ chilly は、cold よりは寒くないニュアンス。

It's freezing outside.
外は凍える寒さです。

季節の変わり目に…

もう夏ですね。

英語でどう言う？

Summer is almost here.

もう夏ですね。

almost は「ほとんど、ほぼ、もう少しで」という意味を表します。直訳すると「夏がほぼここにいる」となるので、すなわち「もう夏ですね」という意味になります。
答えるときは、Yes. I'd like to go to the beach.「そうですね。ビーチに行きたいです」のように、楽しみにしていることや予定なども伝えるとよいでしょう。

Extra Phrases
一緒に覚えておきたい！

Winter is coming to an end.
冬も終わりそうですね。

Fall is the best season for reading books.
読書の秋です。

☞ Fall [Autumn] is the best season for 〜 . で「〜の秋です」という意味を表せる。

Spring has come.
春がやって来ましたね。

会話やイベントが 終わって…

とても楽しかった です。

英語でどう言う？

I had a very good time.

とても楽しかったです。

何か経験をした後に、「楽しかった」というポジティブな感想を伝えるフレーズです。一緒に時間を過ごした相手に伝えれば、とてもいい印象を与えることができます。
「とても楽しかった」という内容を「とてもいい時間を過ごした」と言い表していることがポイント。
I had a 〜 time. で「〜な時間でした」という意味になることを合わせて覚えておきましょう。

☞ Extra Sentences

こんな言い方もできる！

I really enjoyed it.
本当に楽しかったです。

☞ enjoy を使うときは、必ず目的語を忘れずに。

I had a lot of fun.
とても楽しかったです。

☞ fun は「楽しみ」という意味の名詞。

It was a really fun time for me.
私にとって、とても楽しい時間でした。

会話の終わりに…

お話しできて よかったです。

英語でどう言う？ ☞

Good talking to you.

お話しできてよかったです。

会話を切り上げて、相手と別れるときに使えるフレーズです。このように、前向きな言葉で会話を締めくくると相手といい関係性を築くことができますね。
このフレーズは丁寧な表現ではありますが、ビジネスなどかしこまった場面では It was a pleasure talking to you. などと言うようにしましょう。

☞ **Extra Sentences**
こんな言い方もできる!

Nice talking with you.
話せてよかった。

It was great talking to you.
お話しできてよかったです。

☞ It was を省略した方がカジュアルな表現になる。

I'm glad we were able to talk today.
今日はお話しできて嬉しかったです。

☞ I'm glad 〜 . は「〜して嬉しかったです」。

相手との別れ際に…

フロント

クーラー効かなくて暑かったけどオバケ出て寒くなったんで結果ちょうどよかったです

よい一日を。

英語でどう言う？

45

Have a nice day.

よい一日を。

別れ際のあいさつとして使われる定番のフレーズ。ショップやレストランなどで、店員がお客さんに対して言うことも多いです。Have a の部分は「ハヴァ」のようにつなげて読むようにしましょう。相手に Have a nice day. と声をかけてもらった場合は、Thank you, you too.「ありがとう、あなたもね」などと返せると好意的な印象になります。

Extra Phrases
一緒に覚えておきたい！

Have a nice weekend.
よい週末を。

Enjoy the rest of your day.
今日の残りの時間も楽しんで。

☞ rest は「残り」という意味。

I hope you have a wonderful day.
素晴らしい一日になりますように。

☞ I を省略して Hope you have a wonderful day. と言うこともできる。

現在の時刻を知りたくて…

今何時ですか？

英語でどう言う？ ☞

What time is it?

今何時ですか？

時間について述べるときは、主語は it にすることを押さえておきましょう。答えるときには、It's ten o'clock.「10 時です」というふうに言います。

また、日本語では「今」とありますが、now「今」を使う必要はありません。What time is it now? は、何時に家を出なければならないと決まっている場合など、時間にかなり意識が向いているときに使います。

Extra Sentences
☞ **こんな言い方もできる！**

Do you have the time?

今何時か分かりますか？

☞ 相手が時間を知っているか不明なときに。

Can you tell me what time it is?

今何時か教えてもらえますか？

☞ what time の後ろを is it の語順にしないように注意。

Do you know what time it is?

今何時か知っていますか？

話を切り上げたいときに…

もう行かなければ なりません。

英語でどう言う？ ☞

I have to go now.

もう行かなければなりません。

日常的な場面でもビジネスの場面でも、別れ際のあいさつとして、話を切り上げたいときに使うことができます。have to *do* は「〜する必要がある、〜しなければならない」という表現です。

I'm sorry, but や I'm afraid を文頭につけると「申し訳ありませんが」というニュアンスが加わり、相手に気遣いを示すことができます。

Extra Sentences
こんな言い方もできる！

I should go now.
もう行った方がよさそう。

☞ should には「〜した方がよい」という意味があり、have to よりも、やわらかい表現になる。

It's time to go.
行く時間だよ。

I have got to go now.
もう行かなくちゃ。

☞ have got to *do* は have to *do* のカジュアルな表現。口語で使われる。

別れるとき…

あとで
また会いましょう。

See you later.

あとでまた会いましょう。

日本語の「またね」や「じゃあね」にあたる、別れ際のあいさつです。次にいつ会うのかが厳密に決まっているわけではなく、「それほど遠くないうちにまた会いましょう」というニュアンスです。
at をつければ、会う日時を指定することもできます。See you later at 3 p.m. は「午後3時に会いましょう」という意味です。

Extra Sentences
こんな言い方もできる！

Goodbye.
さようなら。

☞ どんな相手にも使える。一方、Bye. や Bye-bye. は親しい相手に使うカジュアルな表現。

See you soon.
あとで。

☞ 近いうちに会う予定が決まっているときに使う。

Take care.
お元気で。

次に会うことを期待して…

クリーニング

では、僕はもう 行きます!!
さようなら!!

またお会いできるのを
楽しみにしています。

英語でどう言う？

I look forward to seeing you again.

またお会いできるのを楽しみにしています。

このフレーズは、今まで会っていた相手とお別れをするタイミングで使う定番フレーズ。カジュアルな場でもビジネスの場でも使える便利な表現です。

look forward to (*doing*) ～「～（するの）を楽しみにする」は、よく使える重要表現。to の後ろに続く動詞は ing 形にするので、look forward to see ～とは言わないことに注意しましょう。

Extra Phrases
一緒に覚えておきたい！

I can't wait to see you again.
またお会いするのが待ち遠しいです。

☞ I can't wait to *do* で「～するのが待ちきれない、～するのが待ち遠しい」という意味。

Let's talk again.
また話しましょう。

I hope we can meet again sometime.
またいつか会えるといいですね。

感謝を伝えたいときに…

それを見つけてくれてありがとうございます。

Thank you for finding it.

それを見つけてくれてありがとうございます。

Thank you for 〜 . は「〜してくれてありがとう」と感謝を伝えるときの表現。基本的にどんな関係性でも使えます。

具体的に何に対して感謝しているのかを、for の後ろに入れましょう。動詞を続けるときは、動詞のing 形 を 使 い ま す 。 また、Thanks for 〜 . でも同じ意味を表すことができます。

Pattern Practice
こんなふうに使う！

Thank you for inviting me.
ご招待いただきありがとうございます。

☞ invite は「〜を招待する」という意味。

Thank you for sending me the file.
ファイルをお送りいただきありがとうございます。

☞〈send ＋人＋もの〉で「(人) に (もの) を送る」。

Thank you for your time.
お時間いただきありがとうございます。

☞ for の後ろに名詞を続けるパターン。

お礼を言われて…

絶対泥棒なのに 私から サイフを盗らないでいて くれて ありがとうございます!!

どういたしまして。

You're welcome.

どういたしまして。

welcome には「(人が)歓迎される」という意味があります。つまり、このフレーズの直訳は「あなたは歓迎されています」となり、その意味合いから「どういたしまして」「気にしないで」といった表現として使われます。相手から何か感謝されたときに、このフレーズがスッと言えるとスマートですね。下で紹介している別の言い回しも覚えておきましょう。

☞ **Extra Sentences**

こんな言い方もできる！

Don't mention it.

礼にはおよばないよ。

My pleasure.

どういたしまして。

☞ 「それが私の喜びだ」といった意味合い。
It's my pleasure. と言うこともできる。

It was nothing.

大したことないよ。

☞ 「それは何でもない (大したことではない)」という意味。

相手に謝りたくて…

つづりを間違えて すみません。

英語でどう言う？ ☞

I'm sorry for misspelling it.

つづりを間違えてすみません。

I'm sorry for 〜 . は、「〜してすみません」と相手に謝るときに使うフレーズです。似たようなフレーズに I'm sorry to *do* 〜 . がありますが、こちらは今まさに行っていることに対して謝るときに使う傾向があります。例えば、今まさに電話をしている相手に対して「遅い時間に電話してごめんね」と言いたいときは、I'm sorry to call you so late. が適切です。

Pattern Practice
こんなふうに使う！

I'm sorry for being late for the meeting.
会議に遅れてしまい申し訳ございません。

☞ *be* late for 〜で「〜に遅れる」。

I'm sorry for telling a lie.
嘘をついてすみません。

☞ tell a lie は「嘘をつく」という意味の表現。

I'm sorry for the trouble.
ご迷惑をおかけしてすみません。

迷惑をかけてしまい…

私の責任です。

英語でどう言う？

It's my fault.

私の責任です。

fault は「責任」という意味。自分の非を認め、謝るときに使うフレーズです。sorry と組み合わせて、Sorry, it's my fault.「すみません、私の責任です」と言うとより丁寧になります。

ちなみに、落ち込んでいる相手を励ましたいときには、It's not your fault. で「あなたは悪くないですよ」「あなたのせいではありませんよ」という意味を伝えることができます。fault を使った表現として覚えておきましょう。

 Extra Sentences
こんな言い方もできる！

All my fault.
すべて私のせいです。

☞ 責任を感じていることをより強めているニュアンス。

My mistake.
私の間違いです。

I was wrong.
私は間違っていました。

☞ wrong は「間違った、誤った」という意味。

Situation **027**

相手に声をかけて…

このあたりに「チョンマゲドーナッツ」の店があるそうなんですが、誰かに話を聞いてみましょう

すみません。

63

Excuse me.

すみません。

Excuse me. で「すみません」という意味ですが、このフレーズは謝るときだけでなく、相手に声をかけるときによく使います。例えば、「すみません、写真を撮ってもらえますか？」といった場面や、人ごみの中で「すみません、ここ通してください」と言いたいときに使うことができます。なお、イギリス英語では、同じような場面でSorry. を使うことが多いです。

Extra Sentences
☞ **こんな言い方もできる！**

Hello, there!
やあ！

☞ Hello. よりも親しみがこもったカジュアルな表現。

Can I have a word?
ちょっといい？

☞ ここでの word は「ひと言」という意味。「少しだけ話してもいい？」といったニュアンス。

Is now a good time?
今って時間ある？

ちょっと聞いて
ください。

Guess what?

ちょっと聞いてください。

guess は「〜を言い当てる、〜を当ててみる」という意味なので、直訳すると「何なのかを当ててみてください」となります。「面白い話があるから、ちょっと聞いて」というように、相手の注意を引きたいときに使います。ちなみに、「誰だと思う?」なら Guess who?、「どこだと思う?」なら Guess where? と言います。一緒に覚えておきましょう。

Extra Sentences
こんな言い方もできる！

Listen!
聞いて！

☞ Listen up! と言うこともできる。

Do you know what?
ちょっと聞いて。

☞ もっとカジュアルに言うなら You know what?。

I have something to tell you.
あなたに言いたいことがあります。

This is one of my charm points, isn't it!!

If I were you, I'd say something like that on the phone!!

Chapter 2

自分のことを話す・相手のことを聞く

はじめましてのときに…

自己紹介させて
ください。

英語でどう言う？

Let me introduce myself.

自己紹介させてください。

自ら自己紹介を始めたいときに使うフレーズです。Let me *do* 〜 . は「私に〜させてください」という意味なので、直訳すると「私に自分自身のことを紹介させてください」となります。

myself の部分を置き換えると、Let me introduce John.「ジョンを紹介させてください」のように、自分以外の人を紹介するときにも使うことができます。

Extra Phrases
一緒に覚えておきたい！

① Could you introduce yourself?
自己紹介をしていただけますか？

☞ 丁寧な表現で、面接などで問われる質問。

② Tell me about yourself.
あなたのことを教えてください。

☞ こちらも面接で問われることが多い質問。答えるときは、要点をまとめて簡潔に話すことがポイント。

③ I don't think we've met before.
私たち、初対面だと思うのですが。

自分の名前を
伝えるときに…

ザ ザ ザ ザ ザザ

私は伊賀 忍です。
ニンジャと呼んでください。

英語でどう言う？ 👉

I'm Shinobu Iga.
Please call me Ninja.

私は伊賀 忍です。ニンジャと呼んでください。

はじめましての相手に自己紹介をするときに使える定番フレーズです。I'm の後ろに本名、Please call me の後ろにあだ名や呼んでほしい名前を入れます。

あだ名がない、何と呼ばれても構わないという場合は、Call me whatever you want.「呼びたいように呼んで」や Please call me whatever you like.「お好きなように呼んでください」のように言いましょう。

Extra Sentences
☞ こんな言い方もできる！

① Everyone calls me Aya.
みんなは私のことをアヤと呼びます。

☞ call me ～で「私のことを～と呼ぶ」。

② You can call me Ken.
ケンって呼んでいいですよ。

③ Just call me Ron.
ロンって呼んで。

相手の名前が知りたくて…

お名前を聞いてもいいですか？

May I ask your name?

お名前を聞いてもいいですか？

相手の名前を聞きたいときには、What's your name? というフレーズを思い浮かべるかもしれません。もちろん問題なく使えますが、このフレーズは言い方に注意しないと直接的で失礼な印象を与えてしまうことがあります。一方、May I ～?「～してよろしいでしょうか？」は許可を求める丁寧な表現のため、May I ask your name? というフレーズはビジネスの場面でも安心して使うことができます。

Extra Sentences
こんな言い方もできる！

1 May I have your name?
お名前をお伺いしてもよろしいですか？

2 I'm sorry, what was your name again?
すみません、お名前は何でしたっけ？

☞ 一度は名前を聞いている、というときに。

3 Can I ask your name?
お名前を教えてもらえますか？

☞ Can I ～? は「～してもいいですか？」という意味。
May I ～? よりもカジュアルな表現。

初対面で 相手の名前を聞いて…

木村タケル
略してキムタケ
友人にはタケちゃんって
呼ばれてます!!
昔は「東校のトラ」と恐れられたこともあります!!
コードネームは
「ウルフ」!!
よろしくな!!

ハハハ

何とお呼びすれば いいですか？

What should I call you?

何とお呼びすればいいですか？

はじめて会った人と自己紹介をし合うタイミングなどで、相手のことをどう呼べばいいか尋ねるときのフレーズです。

名前が難しい、関係性が微妙、というときにも使える便利な一言です。このように聞けばニックネームを教えてくれることが多いので、相手との距離を縮めるのにも効果的。呼び方による失礼も防げますね！

Extra Sentences
こんな言い方もできる！

① What would you like me to call you?
何とお呼びすればいいですか？

☞ 直訳すると、「私に何と呼んでほしいですか？」となる。

② What name do you go by?
普段は何と呼ばれていますか？

☞ go by は「（〜の名）で知られている」という意味。
周りの人たちから何と呼ばれているのかを聞く表現。

③ Do you have a nickname?
ニックネームはありますか？

相手の出身地が
気になって…

故郷の名物　吊りウィンナーです

出身はどちら
ですか？

Where are you from?

出身はどちらですか？

相手の出身地を尋ねるときに使うフレーズ。Where do you come from? でも同じような意味を表すことができますが、こちらは以前より一般的には使われなくなってきています。

ちなみに Where did you come from? とすると、出身を聞くのではなく、実際にどこから今いる場所に来たのかを尋ねる表現になります。使い分けに注意しましょう。

Extra Sentences

こんな言い方もできる！

① Where is your hometown?
あなたの故郷はどこですか？

② Where were you born?
どこで生まれましたか？

☞ 単に「生まれた場所」を聞く表現。

③ Are you from here?
あなたはここの地元の人ですか？

出身地を伝えるときに…

生八つ橋に包まれると
落ちつきますよね〜!!

私は日本の京都出身です。

I'm from Kyoto, Japan.

私は日本の京都出身です。

自分の出身地を伝えるときのフレーズ。I'm from の後ろに地名を入れます。I'm from Kyoto. のように県名などだけでもいいですが、Kyoto, Japan「日本の京都」、とどこにある地名なのか説明してあげるとより丁寧です。

また、出身地を伝えた後、It is famous for Yatsuhashi.「それは八つ橋で有名です」などと補足情報を追加すると、会話の幅が広がりますよ。

Extra Sentences
こんな言い方もできる！

1 I was born in Yokohama, Kanagawa.
私は神奈川県の横浜市で生まれました。

☞ Kanagawa「神奈川県」という大きなくくりが後ろにくることに注意。

2 I grew up in Osaka.
私は大阪で育ちました。

☞ 出身地と育った場所が異なる場合の言い方。

3 I come from Australia.
私はオーストラリア出身です。

相手の住んでいる 場所が知りたくて…

じゃあ、帰ります!!

バタバタバタ

お住まいは どちらですか?

英語でどう言う？ ☞

Where do you live?

お住まいはどちらですか？

相手の住んでいる場所を確認したいときに使います。もし具体的な住所を知りたいという場合は、What is your address? と言います。Where「どこ」ではなく What「何」を使うことに注意です。

相手が旅行中もしくは出張中で、一時的にどこかで生活をしているだけなら、live は使わず Where are you staying?「どこに滞在しているのですか？」のように尋ねるのが適切です。

Extra Sentences
こんな言い方もできる！

① Where are you based?

どこに住んでいますか？

☞「生活の拠点はどこですか？」というニュアンス。

② Where do you reside?

どこに住んでいますか？

③ Do you live in the neighborhood?

近所に住んでいるのですか？

☞ neighborhood は「近所」。

住んでいる場所を聞かれて…

私は福岡に住んでいます。

英語でどう言う？ 👉

I live in Fukuoka.

私は福岡に住んでいます。

自分の住んでいる場所について相手に伝える表現。I live in の後ろに、住んでいる場所や地名を続けます。

ただ、住んでいる通りを答えるときは、I live on West Street. のように on を使います。場所をどう説明するかによって使う前置詞も異なるので、注意が必要です。下であげているような伝え方も合わせて覚えておきましょう。

Extra Phrases
一緒に覚えておきたい！

① **I live next to the convenience store.**
私はコンビニの隣に住んでいます。

② **I live on the second floor of a five story building.**
私は 5 階建ての建物の 2 階に住んでいます。

☞ floor は「階」、story は「〜階建て」を表す。

③ **I live a five-minute walk from here.**
私は、ここから徒歩 5 分のところに住んでいます。

☞ a five-minute walk from 〜で「〜から徒歩 5 分」という意味。

相手の年齢を尋ねて…

趣味は、俳句とナイトプールとゲートボールとTiktokです!!

おいくつですか?

How old are you?

おいくつですか？

相手の年齢を尋ねる表現です。ただ、英語圏でも、人に年齢を聞くのは失礼にあたることも多いので注意が必要です。使う相手に気をつけて使いましょう。
確実に失礼のないよう、より丁寧に年齢を聞きたい場合は、May I ask your age?「年齢を伺ってもよろしいですか？」と言うこともできます。May I 〜? は丁寧な依頼表現です。

Extra Sentences
こんな言い方もできる！

1 Can I ask your age?
何歳か聞いてもいい？

2 May I ask your age, please?
年齢をお伺いしてもよろしいでしょうか？

☞ please を文末につけると丁寧度合いが増す。

3 In what year were you born?
何年に生まれたのですか？

☞ 直接年齢を尋ねるのではなく、生まれた年を聞く方法もある。

年齢を聞かれて…

この子、人間でいうとくらいですかね〜

お兄さんは人間でいうと？

20歳

ニコ

ハッハッ

私は 30 歳です。

I'm thirty years old.

私は 30 歳です。

I'm 〜 years old. で、自分の年齢を答えることができます。最後の years old を取って、I'm thirty. だけでも通じます。なお、「生後〜か月」の場合は、years の代わりに months を使えば OK。「生後 3 か月」なら、three months old となります。

ちなみに、old は時間の経過を表す語で、人以外に対しても使えます。下のような例も覚えておきましょう。

Pattern Practice
こんなふうに使う！

① She is twenty-five years old.
彼女は 25 歳です。

② That building is ten years old.
その建物は築 10 年です。

☞ 〜 old は建物の築年数に対しても使うことができる。

③ This wine is forty years old.
このワインは 40 年物です。

☞ お酒にも old を使う。

相手の家族構成を尋ねて…

何人家族ですか？

How many people are in your family?

何人家族ですか？

直訳すると、「あなたの家族には何人の人々がいますか?」となります。ほかの表現では、How big is your family? という聞き方もあります。「何人家族ですか?」という日本語から How many families? と言ってしまう人も多いですが、family は複数の人の集まりを指して「家族」という意味です。「家族」というグループがいくつあるか、という意味になってしまうので間違いです。

1 Do you have any siblings?
きょうだいはいますか？

☞ sibling は、性別の区別をせずに「きょうだい」を表す語。

2 Are you an only child?
一人っ子ですか？

☞ 「一人っ子」は only child と言う。

3 Do you have a big family?
大家族なんですか？

家族の人数を
答えるときに…

相談者の方は、何人家族
ですか？

私は
7人家族です。

英語でどう言う？ ☞

There are seven people in my family.

私は7人家族です。

自分の家族の人数を伝えるときは、There are 〜 people in my family.「私は〜人家族です」という表現を使うことができます。
日本語から考えると My family is 〜 や I have seven people 〜 のように言いたくなってしまいますが、英語では「私の家族の中には〜人いる」という言い方で表すことに注意しましょう。

☞ **Extra Sentences**
こんな言い方もできる！

① **My family consists of four people: my parents, my sister and me.**
両親と姉［妹］と私の4人家族です。

☞ consist of 〜で「〜から成り立つ」。

② **I have a husband and three children.**
旦那と3人の子どもがいます。

③ **I belong to a family of three.**
私は3人家族です。

☞ belong to 〜は「〜に所属している」という意味。

92

相手の興味を探るときに…

古代エジプトに 興味はありますか？

英語でどう言う？

Are you interested in ancient Egypt?

古代エジプトに興味はありますか？

Are you interested in ～？の形で「～に興味はありますか?」という意味です。相手について知りたいとき、このフレーズで会話の幅を広げましょう。また、相手を何かに誘うときにもこのフレーズが使えます。例えば、Are you interested in going to a classic concert?「クラシックコンサートに行くことに興味ある?(=クラシックコンサートに行くのはどう?)」などと言うことができます。

Pattern Practice
こんなふうに使う！

① Are you interested in foreign cultures?

外国の文化に興味はある？

② Are you interested in studying Japanese?

日本語の勉強に興味はある？

③ Are you interested in living in the U.S.?

アメリカに住むことに興味はある？

自分の興味を伝えて…

私はケバブに
興味があります。

英語でどう言う？

I'm interested in kebabs.

私はケバブに興味があります。

I'm interested in 〜 . で、「私は〜に興味があります」と自分について伝えることができます。be interested in 〜で「〜に興味がある」という意味です。
また、I have an interest in 〜 . というフレーズで同じ意味を表すこともできます。I have an interest in foreign languages. なら「私は外国語に興味があります」という意味になります。

Pattern Practice
こんなふうに使う！

1 I'm interested in Japanese music culture.
私は日本の音楽文化に興味があります。

2 I'm interested in studying French.
私はフランス語を勉強することに興味があります。

☞ studying のように動詞の ing 形を使うことに注意。

3 I'm interested in living in Canada.
私はカナダに住みたいと思っています。

☞ 「〜したいと思っている」というニュアンスも表せる。

相手の趣味が気になって…

休日はどのように過ごされてますか？

趣味に没頭してますね!!

最近も長芋を10本とサイコロを30個買いました!!

趣味は何ですか？

What is your hobby?

趣味は何ですか？

相手の趣味を尋ねるフレーズで、初対面の相手と話すときによく使われます。相手に興味を持っているという姿勢を示すこともでき、会話の幅も広がります。

ただ、やや堅い表現なので、改まった状況で使われることも多いです。もっとカジュアルに聞きたい場合は、下で紹介しているような表現を使うのがオススメです。

☞ **Extra Sentences**
こんな言い方もできる！

① What do you like doing?
何をするのが好き？

② What are you into?
何にはまってるの？

☞ be into ～は「～にはまっている」という意味の表現。

③ What do you do in your free time?
時間あるときは何してるの？

Situation 044

自分の趣味を聞かれて…

趣味はギターを弾くことです。

英語でどう言う？ 👉

TRACK **044**

My hobby is playing the guitar.

趣味はギターを弾くことです。

バイト君？

My hobby is 〜 . で「趣味は〜です」という意味。hobby という単語には、釣りや写真のような「専門的な知識やスキルが求められる趣味」というニュアンスがあります。

もっと一般的に「軽い趣味として楽しんでいること」を伝えるには、I like *doing* 〜 .「〜するのが好きです」や I enjoy *doing* 〜 .「〜することを楽しんでいます」というフレーズを使います。

 Pattern Practice
こんなふうに使う！

① My hobby is collecting postcards.
私の趣味は絵はがきを集めることです。

☞ collect は「〜を集める」という意味。

② My hobby is taking photos.
私の趣味は写真を撮ることです。

☞ take a photo で「写真を撮る」。

③ My hobby is gardening.
私の趣味は園芸です。

昔話をして…

昔はよく彼とけんかしました。

英語でどう言う？ ☞

I used to fight with him.

昔はよく彼とけんかしました。

I used to *do* 〜 . で「昔はよく〜しました」という意味のフレーズです。過去に習慣的に行っていたことや、過去の状態を表すときに使います。

前提として、もう現在は行っていないこと、過去とは状態が変わってしまっていることがポイントです。used to *do* が持つ、「（以前は）よく〜したものだ」、「（かつては）〜だった」という意味を押さえておきましょう。

Pattern Practice
こんなふうに使う！

① I used to go to that amusement park.
昔はよくあの遊園地に行ったなあ。

② I used to run marathons.
昔はよくマラソンを走っていました。

☞ run a marathon で「マラソンを走る」。

③ I used to play baseball.
昔はよく野球をしたなあ。

自分の好きなことを伝えて…

食べることが
すごく好きです。

I really like eating.

食べることがすごく好きです。

I really like *doing* 〜 . で「〜することがすごく好きです」という意味。I like *doing* 〜 . で「〜することが好きです」という意味になりますが、really「本当に、とても」という単語をつけ足すことで、「好き」という意味を強調することができます。自分の趣味や情熱を持って取り組んでいることなどを伝えたいときに、このフレーズを使いましょう。

Pattern Practice
こんなふうに使う！

1 **I really like playing video games.**
ビデオゲームをするのがすごく好きなんだ。

2 **I really like singing.**
歌うことが大好きなんです。

3 **I really like baking bread.**
パンを焼くのが大好き。

☞「（パン）を焼く」は bake という単語を使う。

特に好きなものを伝えるときに…

お気に入りの飲み物はホットコーヒーです。

My favorite drink is hot coffee.

お気に入りの飲み物はホットコーヒーです。

My favorite 〜 is ….「お気に入りの〜は…です」というフレーズを使います。My favorite の後ろには food「食べ物」のようなジャンルを、is の後ろには sushi「寿司」のような具体的に好きなものを続けましょう。favorite は「お気に入りの、最も好きな」という意味の単語です。いくつかあるものの中から、自分が特に好きなものを1つ取り上げて伝えるイメージを押さえておきましょう。

Extra Phrases
一緒に覚えておきたい！

① **I am a big fan of this singer.**
この歌手の大ファンなんだ。

② **I'm passionate about the band.**
そのバンドが大好き。

☞ passionate は「情熱的な」という意味。

③ **I'm into reading his novels.**
彼の小説を読むのにはまってるんだ。

☞「はまっている」という意味をさらに強調したいときは、*be* really into 〜と言うことができる。

自分の長所を伝えて…

隠れるのが得意です。

英語でどう言う？ ☞

I'm good at hiding.

隠れるのが得意です。

I'm good at *doing* 〜 . で「〜するのが得意です」という意味のフレーズになります。歌や料理、楽器の演奏など、自分の特技や得意なことを伝えたいときに使いましょう。

また、得意なことを伝えるときには、I can *do* 〜 well.「うまく〜できます」という表現を使うこともできます。I can cook well. で「うまく料理することができます (＝料理が得意です)」となります。

Pattern Practice
こんなふうに使う！

① **I'm good at singing.**
歌うのが得意です。

② **I'm good at taking pictures of animals.**
動物の写真を撮るのが得意です。

☞ take a picture of 〜で「〜の写真を撮る」。

③ **I'm good at playing the piano.**
ピアノを弾くのが得意です。

自分の不得意を伝えて…

ビールを注ぐのが苦手です。

英語でどう言う？ 👉

I'm not good at pouring beer.

ビールを注ぐのが苦手です。

どうしたんですか！！

I'm not good at *doing* ～ . の形で「～するのが苦手です」という意味になります。I'm good at *doing* ～ .「～するのが得意です」とは反対に、自分が苦手なこと、不得意なことを伝えるときに使うフレーズです。
ほかにも、bad「下手な、未熟な」や poor「不得意な」という単語を使って、I'm bad[poor] at *doing* ～ .「～するのが苦手です」と表現することもできます。

Pattern Practice
こんなふうに使う！

① **I'm not good at cooking.**
料理をするのが苦手です。

② **I'm not good at driving a car.**
車を運転するのが苦手です。
☞ a car をとって、I'm not good at driving. でも通じる。

③ **I'm not good at remembering names.**
名前を覚えるのが苦手です。

相手の仕事を
知りたくて…

どんなお仕事を
していますか？

英語でどう言う？ ☞

What kind of work do you do?

どんなお仕事をしていますか？

相手がどんな職業に就いているのかを知りたいときに使えるフレーズです。What kind of 〜は「どんな種類の〜」という表現なので、What kind of work で「どんな種類の仕事」という意味になります。「どんな」という日本語につられて、How do you work? などと言ってしまわないように気をつけましょう。「どのように働いていますか？」という意味になってしまいます。

Extra Sentences

こんな言い方もできる！

① What do you do?
仕事は何をしているんですか？

② What do you do for a living?
何の仕事をしていますか？

☞ for a living は「生活のために」という意味。

③ What is your profession?
職業は何ですか？

☞ profession は医者や法律家のように、高度な専門知識を必要とする職業を指す。

仕事場を伝えるときに…

ピザ屋で働いて
います。

I work at a pizza shop.

ピザ屋で働いています。

I work at ～ .「～で働いています」は、自分が仕事をしている「場所」を伝えるフレーズです。
at の後ろには、a restaurant「レストラン」や a factory「工場」のように、具体的な職場や建物、施設の名称などを入れます。at が持っている「点」のイメージから、働いている場所をピンポイントで伝えるイメージを押さえておきましょう。

Extra Phrases
一緒に覚えておきたい！

1 I work for a leading company.
大企業に勤めています。

☞ work for は雇用関係を表す。

2 I work in the publishing industry.
出版業界で働いています。

☞ work in は働いている業界や地名などを表したいときに使う。

3 I work as an engineer.
エンジニアとして働いています。

学んでいることを
説明するときに…

普段は何をされてるんですか？

日本史を勉強
しています。

英語でどう言う？

115

I am studying Japanese history.

日本史を勉強しています。

I am studying 〜 . で「〜を勉強しています」という意味のフレーズです。話しているまさにそのときに勉強している最中のことについて「たった今〜を勉強しているところだ」と伝えることもできますが、「最近は〜を勉強している」というもっと広い意味でも使うことができます。studying の後ろには、具体的に何を勉強しているのかを示す語句を続けましょう。

Pattern Practice
☞ **こんなふうに使う！**

① # I am studying German.
ドイツ語を勉強しているんです。

② # I am studying English literature.
英文学を勉強しています。

☞ literature は「文学」という意味。

③ # I am studying world history.
世界史を勉強してるんだ。

☞ world history で「世界史」。

自分の所属を伝えるときに…

chapter 2 自分のことを話す・相手のことを聞く

剣道部に所属しています。

I belong to the kendo club.

剣道部に所属しています。

自撮り棒の持ち方がキレイですね

スッ

I belong to 〜 .「〜に所属しています」は、自分が所属しているグループやチーム、組織について伝えたいときに使えるフレーズです。日本語は「〜しています」ですが、進行形 *be doing* を使って I am belonging to 〜 . とは言わないことに注意しましょう。

ちなみに、The pen belongs to Sam.「そのペンはサムのものです」のように、「（もの）が（人）に属している」という意味でも belongs to が使えます。

Extra Sentences
☞ **こんな言い方もできる！**

① I'm in the human resources department.
人事部に所属しています。

② I'm a member of the dance club.
ダンス部に所属しているよ。

☞「ダンス部の一員である」という表現。

③ I'm on a local baseball team.
地元の野球チームに所属しているんだ。

習い事について話すときに…

2歳から空手を習っています。

TRACK **054**

I have been practicing karate since I was two.

2歳から空手を習っています。

I have been practicing ～ .「～を習っています」というフレーズです。I have been *doing* ～ . で「（ずっと）～し続けています」という意味になり、過去のある時点から現在まで継続して行っていることを表します。since ～「～以来、～から」や for ～「～の間」を後ろに続けて、どのくらい継続しているのかを説明しましょう。

① **I have been practicing judo since last year.**
去年から柔道を習っています。

② **I have been practicing piano for ten years.**
ピアノを10年間習っているよ。

③ **I have been practicing speaking English recently.**
最近、英語を話す練習をしているんだ。

相手の予定を確認したくて…

7月7日は何か予定がありますか？

英語でどう言う？

Do you have any plans for July 7?

7月7日は何か予定がありますか？

Do you have any plans for ～ ? は「～は何か予定がありますか?」という意味で、ある特定の日の相手の予定を尋ねるときに使えるフレーズです。

plan for ～で「～の予定、～の計画」という意味です。後ろには、next Monday「来週の月曜日」や this weekend「今週末」のような、日時や時期を表す語句を入れましょう。

Pattern Practice
こんなふうに使う！

① **Do you have any plans for this Sunday?**
今週の日曜日は何か予定ある？

② **Do you have any plans for tomorrow?**
明日は何か予定ある？

③ **Do you have any plans for next weekend?**
来週末は何か予定ある？

相手の経験を尋ねて…

体調悪いな〜
なんでこうなってるか
教えてくれたり

ハァ…ハァ…

治してくれたり
する人いれば
いいのにな〜

病院に行ったことは
ありますか？

Have you ever been to a hospital?

病院に行ったことはありますか？

Have you ever been to 〜 ? で、「〜に行ったことはありますか?」と相手の経験を尋ねることができます。to の後ろには国名や地名など、具体的な場所を示す語句を続けましょう。

また、行った回数を尋ねたい場合は、How many times have you been to 〜 ? 「〜には何回行ったことがありますか?」のように、How many times をつければ OK。

Pattern Practice
こんなふうに使う！

1 Have you ever been to Hokkaido?
北海道に行ったことある？

2 Have you ever been to that stadium?
あのスタジアムに行ったことある？

☞ stadium「スタジアム」は、"ステイディアム"のように発音する。

3 Have you ever been to Spain?
スペインに行ったことはある？

行った経験について…

私はナイアガラの滝に行ったことがあります。

I have been to Niagara Falls.

私はナイアガラの滝に行ったことがあります。

どこかに行った経験があることを伝えるときは、I have been to ～.「私は～に行ったことがあります」というフレーズを使います。to の後ろには具体的な場所を入れましょう。「行く」というと go が思い浮かぶかもしれませんが、have gone to ～は「～に行ってしまった」という意味になり、今も行ってしまったままだというニュアンスになります。

Pattern Practice
こんなふうに使う！

① I have been to Tokyo.
東京に行ったことがあるんだ。

② I have been to the famous restaurant twice.
その有名なレストランには 2 回行ったことがあるよ。

☞ twice「2 回」のように、回数を表す語句と一緒に使うことも多い。

③ I have been to the shop in the mall.
ショッピングモールにあるそのお店に行ったことがあるよ。

☞ mall は「ショッピングモール」という意味。

自分の夢を語って…

私の夢はオリンピックに出ることです。

英語でどう言う？

TRACK **058**

My dream is to participate in the Olympics.

私の夢はオリンピックに出ることです。

My dream is to *do* 〜 . で「私の夢は〜することです」という意味。自分の将来の夢や目標を伝えるときに使うフレーズです。また、I want to *do* 〜 in the future.「私は将来〜したいです」というフレーズでも、同じように夢や目標を伝えることができます。ワンパターンにならないよう、合わせて覚えておきましょう。

～～～～～～～～～～

Pattern Practice
☞ **こんなふうに使う！**

① **My dream is to be a doctor.**
私の夢は医者になることです。
☞ to の後ろに be 動詞を置くときは原形の be にする。

② **My dream is to work abroad.**
私の夢は海外で働くことだよ。
☞ work abroad で「海外で働く」という意味。

③ **My dream is to live in Okinawa.**
私の夢は沖縄に住むことなんだ。

気に入ったかどうかを確認して…

えーと
これは・・・

そのシャツは
いかがですか？

英語でどう言う？ 👉

How do you like the shirt?

そのシャツはいかがですか？

えーとこれは…

How do you like 〜？「〜はいかがですか？」は、直訳すると「あなたは〜をどのように気に入りましたか？」という意味。ある物事や場所に対する、相手の印象や感想を知りたいときに使えるフレーズです。気に入ったかどうかだけでなく、そう思う理由も含めて答えてほしい、というニュアンスが含まれます。

Pattern Practice
☞ **こんなふうに使う！**

1 How do you like Japan?
日本はどう？

☞ 海外から来た人に、日本の印象や感想を尋ねたいときに。

2 How do you like your new hairstyle?
新しい髪型はいかがですか？

☞ hairstyle は「髪型」という意味。

3 How do you like your new office?
新しいオフィスはどうですか？

感想を聞いて…

映画は
どうでしたか？

How was the movie?

映画はどうでしたか？

How was 〜 ?「〜はどうでした
か？」は、相手の意見や評価、感
想を尋ねるフレーズです。後ろに
は、何に対する感想なのかを示
す具体的な名詞を入れましょう。
また、How did 〜 go?というフレー
ズでも同じような意味を表すこと
ができ、How did the presentation
go?「プレゼンテーションはどうで
したか？」のように使います。

Pattern Practice
こんなふうに使う！

① How was your first day at work?

初出勤日はどうだった？

☞ first day at work は「仕事の最初の日」＝「初出勤日」。

② How was your trip to London?

ロンドン旅行はどうだった？

☞ trip to 〜で「〜への旅行」。

③ How was the book you read yesterday?

昨日読んだ本はどうだったの？

相手の意見が欲しくて…

なんでかな〜

なんかめちゃくちゃ職務質問されるんだよな〜

あなたはどう思いますか？

What do you think?

あなたはどう思いますか？

会話の中で話題になっていることに対して、具体的に相手が考えていることを知りたいときに使うフレーズです。

日本語では「どう思う？」と言いますが、「どのように」という意味を表す How ではなく、What を使っていることに注意しましょう。how は方法や手段を尋ねるものなので、How do you think? とすると「どんな方法で考えているのですか？」というような意味になってしまいます。

Extra Sentences
こんな言い方もできる！

1 What is your opinion?
あなたの意見は何ですか？

☞ やや直接的な表現なので、目上の人にはあまり使わない。

2 Do you have any ideas?
何か意見はある？

3 Tell me what you think.
あなたが考えていることを教えて。

☞ what you think で「あなたが考えていること」。

ワンポイントレッスン！

I've told so many lies so far, and I'll do the same in the future!!

Well, do as you like.

Chapter 3

感情や状況を
説明する

ポジティブな感想を伝えて…

プレゼントに
満足しています。

英語でどう言う？ 👉

I'm happy with the present.

プレゼントに満足しています。

happy は「幸せな」のほかに、「満足して、喜んで」という意味もあります。I'm happy with の後ろに名詞を続けて、何に満足しているのかを説明しましょう。満足感をより強調したい場合は、really を足して I'm really happy with 〜 . のように言うといいですよ。また、「〜に満足している」は I'm satisfied with 〜 . と表すこともできます。satisfied は「満足した」という意味です。

Pattern Practice
こんなふうに使う！

1) **I'm happy with the exam results.**
私は試験の結果に満足しています。

☞ exam result で「試験の結果」という意味。

2) **I'm happy with the meals at the hotel.**
私はホテルの食事に満足しています。

3) **I'm happy with my house.**
私は自分の家に満足しています。

何かをやり遂げて…

やった！

I did it!

やった！

「やった！」「できた！」と、何かを達成したときの喜びや嬉しい気持ちを表現するフレーズです。直訳は「私はそれをした」となりますが、ここでの it は成し遂げた内容を漠然と指しています。定型表現として覚えておきましょう。

ちなみに、主語を You に変えてYou did it! とすると、「やったじゃん！」「すごいね！」と相手を褒める表現になります。

☞ **Extra Sentences**
こんな言い方もできる！

1 We did it!
やりましたね！

☞ 主語が we なので、自分も含めた「私たち」が一緒に何かを達成したときに使う。

2 I made it!
やった！

3 Yes!
よし！

☞ シンプルに 1 語で表現することもできる。勢いよく発音することがポイント。

心を動かされて…

映画『ボクの彼女は余命一年 愛犬 ポチとの約束とキセキの逆点ホームラン』

いかがでしたか？

すごく感動しました。

英語でどう言う？ 👉

It really moved me.
すごく感動しました。

動詞の move は「〜を動かす」という意味合いから、「〜の心を動かす」、すなわち「〜を感動させる」という意味も表すことができます。It は感動した物事を指し、「それが私を感動させた」と表現します。一方、人を主語にして I was really moved by it.「私はそれにすごく感動させられた（＝感動した）」のように言うこともできます。

☞ **Extra Sentences**
こんな言い方もできる！

1 **I was really impressed with the movie.**
その映画には本当に感動しました。

☞ *be* impressed with 〜で「〜に感動する」という意味。

2 **I was really touched.**
すごく感動したよ。

☞ touch には「〜を感動させる」という意味もある。

3 **His story was touching.**
彼の話は感動的でした。

不快に感じて…

先輩甘いもの苦手だから刺身盛り合わせにしました!!

喜んでいただけましたか!?

最悪の気分です。

I feel awful.

最悪の気分です。

不快な気分、憂うつな気分であることを伝えるフレーズです。I feel 〜「私は〜な気分」に awful「ひどい、不快な」という単語を続けて、「最悪の気分だ」という意味を表します。
あくまで不快であることを伝える表現なので、いやなことがあったときだけでなく、体調が悪いときにも使うことができます。

Extra Sentences
こんな言い方もできる！

1 It sucks!
最悪！

2 It's a nightmare.
これは悪夢だよ。

☞ nightmare は「悪夢」。

3 It couldn't be worse than this.
最悪だよ。

☞ 「これ以上に悪いことはない」ということ。

気分が悪くて…

どうせろくなもん食べてないからお腹壊したんでしょうけどね!!

気分はどうですか？

イライラします。

英語でどう言う？ 👉

I'm in a bad mood.

イライラします。

mood は「気分」という意味なので、be in a bad mood で「悪い気分の中にいる」、すなわち「機嫌が悪い」という意味合いになります。「機嫌が悪くなる」なら get in a bad mood を使います。
反対に、「機嫌がいい」は be in a good mood、「機嫌がよくなる」は get in a good mood となります。セットで覚えておきましょう。

Extra Sentences
こんな言い方もできる！

1 It's getting on my nerves.
イライラするなぁ。

☞ get on one's nerves で「〜をイライラさせる」。

2 I'm annoyed by the noise.
騒音でイライラする。

☞ be annoyed by 〜で「〜でイライラする」。

3 I was upset about the traffic jam.
交通渋滞でイライラしていたんだ。

期待外れの結果で…

がっかりです。

I'm disappointed.

がっかりです。

何か悲しいことやショックなことがあったときに、その気持ちを表現するフレーズ。be disappointed で「がっかりする」という意味になりますが、想定していたよりも実際の結果が悪くて落ち込む、というニュアンスがあります。相手に対してがっかりしたときは、I'm disappointed in you.「あなたにはがっかりだよ」のように言います。

Extra Phrases
☞ **一緒に覚えておきたい！**

① **I'm depressed.**
気が滅入っています。

☞ depress は「〜を憂うつにさせる」という意味の動詞。

② **I'm shocked by that news.**
その知らせにショックを受けています。

③ **I'm feeling down about my test scores.**
テストの点数のことで落ち込んでるんだよね。

飽き飽きしてしまって…

卒業式

とうとう。そういえば君たちの入学式ではこんなこともありました…

校長、入学のくだりだけで30分しゃべってるよ…

彼の話を聞くのはもううんざりです。

I'm tired of listening to him.

彼の話を聞くのはもううんざりです。

I'm tired of *doing* ～ . は、「(精神的に) ～するのにうんざりしています」という意味の表現です。of の後ろには reading や walking のような、動詞の ing 形を続けましょう。ちなみに、I'm tired from *doing* ～ . とすると、肉体的に「～して疲れた」という意味に。I'm tired from working overtime. 「残業して疲れています」のように使います。

☞ **Pattern Practice**
こんなふうに使う！

① **I'm tired of hearing it.**
それを聞くのはもううんざりです。

② **I'm tired of being ordered around by others.**
他人にあれこれ命令されるのはもううんざりです。

☞ being ordered で「命令されること」という意味。

③ **I'm tired of living in this city.**
この街に住むのはもううんざりです。

今したいことを伝えて…

ぬか床に手をつっ込んだあとに自転車のチェーンをつけ直していただきましたが、いかがですか？

手を洗いたい気分です。

I feel like washing my hands.

手を洗いたい気分です。

ぬか床に手をつっ込んだあとに自転車のチェーンをつけ直していただきましたが、いかがですか？

I feel like *doing* 〜. で「〜したい気分です」という意味。この feel like の後ろには、going や running のような動詞の ing 形を続けましょう。
また、動詞の ing 形ではなく名詞を後ろに続けると、「〜が欲しい」という意味を表すこともできます。例えば、I feel like a beer.「ビールが欲しい（飲みたい）気分です」のようになります。

Pattern Practice
こんなふうに使う！

1 I feel like eating out tonight.
今夜は外食したい気分です。

☞ eat out で「外食する」という意味。

2 I feel like watching TV at home.
家でテレビを見たい気分なの。

3 I feel like going out for a walk.
散歩に行きたい気分。

☞ go out for a walk で「散歩に出かける」。

したいことを丁寧に
伝えるときに…

一万円!? くれるんですか!? やったー!!

この一万円札を両替
したいのですが。

英語でどう言う？ 👉

I'd like to break this ten-thousand yen note.

この一万円札を両替したいのですが。

I'd like to do 〜 . は、「〜したいのですが」と控えめに希望を伝えるフレーズです。I want to do 〜 . よりも丁寧な言い方で、ビジネスの場などでもよく使われます。また、今回の例文の「両替する」という表現も重要なので、ここで一緒に押さえておきましょう。大きいお金をくずしたい場合の両替は break、外国のお金に交換したい場合の両替は exchange で表します。

Pattern Practice
☞ **こんなふうに使う！**

① I'd like to make a reservation.
予約をしたいのですが。

☞ make a reservation で「予約をする」。ホテルの部屋やレストランの席の予約に対して使う。

② I'd like to buy a round-trip ticket.
往復券を買いたいのですが。

☞ round-trip ticket で「往復券」の意味。

③ I'd like to speak with Mr. Brown.
ブラウンさんとお話ししたいのですが。

やりたくないことを
伝えて…

それには乗りたく
ありません。

英語でどう言う？

I don't want to ride on it.

それには乗りたくありません。

ドーン

…ケンジ、スーパーちくわロボに乗るんだ！！

I don't want to *do* 〜 .「〜したくありません」は、I want to do 〜「〜したいです」の否定の表現です。日常的に使う表現ですが、want は少し子どもっぽい印象を与えることもあります。I would rather not *do* 〜 .「できれば〜したくないです」のような、控えめに自分の要望を伝える表現も合わせて覚えておきましょう。

Pattern Practice
こんなふうに使う！

1 I don't want to talk any more.

これ以上話したくありません。

☞ any more で「これ以上」という意味。
基本的には、否定文の文末で使う。

2 I don't want to give up.

諦めたくありません。

☞ give up で「諦める」という意味。

3 I don't want to do anything.

何もしたくありません。

羞恥心を感じて…

新型スマホの発売は昨日だ、たんですが、今日の開店前から並んでみていかがでしたか？

とても恥ずかしいです。

I'm so embarrassed.

とても恥ずかしいです。

新型スマホの発売は昨日だったんですが、今日の開店前から並んでみていかがでしたか？

他人からの視線を意識した、人前で感じる恥ずかしさに対して使います。be embarrassed で「（人が）恥ずかしい思いをする」という意味になります。
ほかに be ashamed「恥ずかしい」という表現もありますが、これは良心や道徳心から感じる、自分に対する恥ずかしさを表すときに使います。

 Extra Phrases
一緒に覚えておきたい！

1 I'm shy.
私は恥ずかしがり屋です。

☞ 人の性格について言うときに。

2 I'm ashamed of having lied to my friend.
友達に嘘をついたことを恥ずかしく思います。

☞ be ashamed of ～で「～を恥じている」という意味。

3 I felt humiliated.
恥ずかしい思いをしました。

直前にドキドキして…

もうすぐお焼香の順番ですね

なんみょーほーれん

緊張してきました。

I'm getting nervous.

緊張してきました。

人前で話す前や、はじめてのことに挑戦する前など、緊張している気持ちを表すときに使うフレーズです。nervous は「緊張して」という意味で、get nervous で「緊張する」という意味を表します。I'm getting 〜「〜（の状態）になってくる」と進行形〈be 動詞＋ing 形〉を使うことで、「徐々に緊張の度合いが高まってきている」という変化を表現することができます。

Extra Sentences
こんな言い方もできる！

1 I can't relax.
リラックスできません。

2 I'm anxious.
緊張しています。

☞ nervous よりも不安要素が強いニュアンス。

3 I have butterflies in my stomach.
そわそわして落ち着きません。

☞ 「そわそわして落ち着かない」ことを「お腹の中に蝶がいる」と表す定型表現。

長時間食べていなくて…

クロワッサンを10時間
眺めていただきましたが、
いかがですか？

お腹が
ペコペコです。

I'm starving.

お腹がペコペコです。

クロワッサンを10時間
眺めていただきましたが、
いかがですか？

お腹が空いているときに使えるフレーズです。I'm hungry.「お腹が空いています」という表現はよく知られていますが、それと I'm starving. との違いは空腹度合いにあります。starving は、もともとは starve という動詞で、「（人・動物が）飢える」という意味。そのため、I'm starving. と言う方が、空腹度合いはかなり高い印象になります。

Extra Sentences
☞ **こんな言い方もできる！**

① **I'm feeling peckish.**
小腹が空きました。

② **I could eat a horse!**
腹ペコだよ。

☞「馬でも食べられるくらい空腹」ということ。

③ **My stomach is rumbling.**
（空腹で）お腹がグーグー鳴っています。

☞ rumble は「（お腹が）グーグー鳴る」という意味の動詞。

どうしていいか分からず…

理由も関係性も ないけど
あなたの ために フラッシュ モブ
やりま〜〜す!!

困っています。

I'm in trouble.

困っています。

理由も関係性も ないけど あなたの ために フラッシュ モブ やりま〜〜〜す!!

trouble は「苦労、悩み、困難」という意味。つまりこのフレーズは、「私は困難の中にいる」=「私は困っている」という意味になります。基本は、相手に助けを求めたいときに使う表現です。どうしていいか分からない、自分一人じゃどうにもならない、というような場面で使いましょう。
P.166 で取り上げているような、助けを求める表現も合わせて覚えておくと便利です。

Extra Sentences
こんな言い方もできる!

① **I have a problem.**
困っています。

② **I'm having trouble contacting him.**
彼に連絡をとるのに苦労しています。

☞ have trouble *doing* で「〜するのに困る、苦労する」という意味。

③ **I'm at a loss.**
困っています。

☞ *be* at a loss で「困っている」。何に困っているのか伝えるには、後ろに to *do* 〜や for 〜を続ける。

相手に助けてほしくて…

あなたの助けが必要です。

英語でどう言う？

I need your help.

あなたの助けが必要です。

相手の助けが必要なとき、力を借りたいときに使えるフレーズです。I need 〜 . は「私は〜が必要です」という表現で、help はここでは「助け」という意味の名詞です。逆に自分が助けを求められて、それを承諾する場合は、Sure.「いいですよ」や Of course.「もちろん」などと言うことができます。その状況に備えて、一緒に覚えておきましょう。

Extra Sentences
こんな言い方もできる!

Can you give me a hand?
手伝ってくれませんか？

〈give＋人＋a hand〉で「(人) を手伝う」。

Can you do me a favor?
お願いしたいことがあるのですが。

〈do＋人＋a favor〉で「(人) の頼みを聞く」。

Would you mind helping me?
手伝っていただけませんか？

Would you mind *doing* 〜 ?「〜していただけませんか?」は、非常に丁寧な依頼の表現。

検討中のことがあって…

あれ？

目隠しと棒持ってきたよ!!

スイカ割りは中止
しようと考えています。

英語でどう言う？ ☞

☞ **英語ではこう言う！**

I'm thinking of canceling Suikawari.

スイカ割りは中止しようと考えています。

think of *doing* 〜で「〜しようと考える」という意味。「〜しようと考えている」と、現在検討中であることを表すときは、I think of 〜ではなく、I'm thinking of 〜の形で使います。

think about *doing* 〜も「〜しようと考える」という意味ですが、こちらはより漠然と考えるイメージです。具体的な特定の事柄について考える、という場合は about ではなく of を使いましょう。

Pattern Practice
☞ **こんなふうに使う！**

1 **I'm thinking of having my hair cut this weekend.**
今週末に、髪を切ろうと考えています。

☞ have *one's* hair cut で「（美容院などで）髪を切ってもらう」という意味。

2 **I'm thinking of visiting him in Tokyo.**
東京にいる彼のもとを訪問しようと考えています。

3 **I'm thinking of joining the dance club.**
ダンス部に入ろうと考えています。

忙しくない時期を
伝えて…

I'm free in June.

6月は暇です。

free は「自由な、暇な」という意味なので、I'm free で「私は暇です」という意味になります。free の後ろに日時を表す語句を続けることで、いつが暇なのかを伝えることができます。
また、I'm free. の代わりに、I'm not busy.「私は忙しくありません」でも同じような意味を表すことができます。

Pattern Practice
こんなふうに使う！

① I'm free on Sunday.
日曜日は暇です。

☞ Sundays とすると、「毎週日曜日は暇です」となる。

② I'm free on May 5th.
5月5日は空いてるよ。

☞ 具体的な日付を入れることもできる。

③ I'm free next weekend.
来週末は暇だよ。

何がいるのかを説明して…

しゅー

資料まだか？

デスクの上にヘビがいます。

There is a snake on the desk.

デスクの上にヘビがいます。

There is[are] 〜 . で「〜があります／います」という意味。後ろの名詞が単数なら There is、複数なら There are としましょう。また、「ある／いる」という表現は日本語との齟齬が起きやすいので注意が必要です。例えば、「私には兄がいます」は There is a brother. などとは言いません。所有している意味合いで「いる」と言う場合は、I have a brother. のように have を使いましょう。

Pattern Practice

こんなふうに使う！

1 There is a cat over there.
向こうに猫がいます。

☞ over there は「向こうに」という意味。

2 There are some books on the table.
机の上に本が何冊かあります。

3 There is a chance of rain today.
今日は雨が降る可能性があります。

☞ ここでの chance は「可能性、見込み」という意味。物理的に存在しないものも there is [are] で表すことができる。

お客さんに商品の在庫を聞かれて…

在庫切れです。

英語でどう言う？

We are out of stock.

在庫切れです。

stock は「在庫、在庫品」、out of ～は「～の（範囲の）外に」という意味。out of stock は「在庫が一定の範囲の外にある」、すなわち「在庫切れである」という意味を表します。お店などで、お客さんに商品の在庫を聞かれたときに使いましょう。

申し訳なさを表現したい場合は、文頭に I'm afraid をつけて言うとより丁寧です。「申し訳ないのですが、在庫切れです」というような意味合いになります。

Extra Sentences
こんな言い方もできる！

1 We ran out of it.
そちらは切らしてしまいました。

☞ run out of ～で「（品物）を切らす」。

2 It is currently unavailable.
現在、ご利用いただけません。

☞ unavailable は「入手できない」という意味。

3 We've sold out of it.
そちらは売り切れてしまいました。

☞ sell out of ～で「（人・店が）～を売り切る」。

程度がすごくて…

長すぎます。

It is too long.

長すぎます。

too は、「あまりにも、～すぎる、必要以上に」と程度を強調する語句。〈too +形容詞〉で「～すぎる」という意味になります。
ほかに似た表現として、〈It is too ～ for +人〉で「（人）にとって～すぎる」や、It is too ～ to *do* で「…するには～すぎる、～すぎて…できない」という表現もあるので、応用した形として覚えておきましょう。

Pattern Practice
こんなふうに使う！

1 It is too difficult.
難しすぎます。

☞ It is too difficult for me. なら「私には難しすぎます」という意味になる。

2 It is too sweet.
甘すぎます。

3 It is too small.
小さすぎます。

誰かを紹介して…

ハッ ハッ ハッ

こちらが
飼い主です。

This is my owner.

こちらが飼い主です。

This is ～ . は、人やものを紹介するときに使えるフレーズです。this には「これ」という意味のほかに、「こちらの人、こちらのもの」という意味もあります。
This is の後ろに、紹介する人の立場や名前、ものの名称などを続けて使いましょう。This is my friend, Kana.「こちらが私の友達のカナです」のように、関係性と合わせて名前を伝えることもできます。

Pattern Practice
こんなふうに使う！

1 This is my brother, Ryo.
こちらが私の兄のリョウです。

 my brother「私の兄」= Ryo「リョウ」ということ。

2 This is my best friend, Yuki.
こちらが私の親友のユキです。

3 This is my house.
こちらが私の家です。

有名な理由を説明して…

三浦くんは猫好きなことで有名です。

TRACK
083

Miura-kun is famous for being a cat lover.

三浦くんは猫好きなことで有名です。

be famous for 〜「〜で有名である」という意味。誰かや何かを紹介するときによく使います。
ちなみに、似た表現 *be* famous as 〜「〜として有名である」は、Miura-kun is famous as a cat lover.「三浦くんは猫好きとして有名です」のように、主語（三浦くん）と as 以下（猫好き）がイコールの関係になります。

Pattern Practice
こんなふうに使う！

1 **This city is famous for its sightseeing spots.**
この都市は観光スポットで有名です。

2 **Shizuoka is famous for Mt. Fuji.**
静岡は富士山で有名です。

3 **He is famous for his award-winning novel.**
彼は受賞歴のある小説で有名です。

☞ award-winning は「受賞した」の意味。

食べ物を食べて…

美味しいです。

英語でどう言う？

It's tasty.

美味しいです。

tasty は「美味しい、風味のある」という意味。食べ物だけでなく、スープや飲み物に対しても使うことができます。It's tasty. というフレーズは幅広い場面で使えるので、スッと自然に使えるようにしておきましょう。

「美味しい」というと delicious を思い浮かべるかもしれませんが、delicious は上品でフォーマルなニュアンスが強いです。

Extra Sentences
こんな言い方もできる！

1 **Yummy!**
うまっ！

☞ やや子どもっぽい表現。

2 **It tastes very good.**
とても美味しいです。

☞ taste は「（飲食物が）〜な味がする」という意味の動詞。

3 **I love it!**
これ美味しい！

☞ 「気に入った！」ということ。

決まった時間になって…

あれ？
すいませーん!!

昼寝をする 時間です。

It's time to take a nap.

昼寝をする時間です。

It's time to do 〜 . は「〜する時間です」という意味のフレーズ。時間を伝えたり、相手の行動を促したりするときに使えます。

「もうとっくに〜する時間だ」と強調したいときは It's high time to do 〜 . とも言い、「そろそろ〜する時間だ」なら It's about time to do 〜 . と言うこともできます。状況に応じて使い分けることがポイントです。

Pattern Practice
こんなふうに使う！

① **It's time to go.**
行く時間だね。

② **It's time to start working.**
仕事を始める時間だ。

☞ start doing で「〜し始める」。

③ **It's time to go to bed.**
寝る時間だよ。

一日を終えて…

大変な一日でした。

英語でどう言う？

I had a tough day.

大変な一日でした。

have には「〜を経験する」という意味もあるので、このフレーズは「私は大変な一日を経験しました」、すなわち「大変な一日でした」という意味になります。tough は「大変な、骨の折れる」という意味の語です。

I had a 〜 day.「〜な日でした」という言い方も重要なので覚えておきましょう。I had a great day.「素晴らしい一日でした」のように、応用することができます。

☞ **Extra Sentences**
こんな言い方もできる！

① It was a tough day.
大変な一日だったよ。

☞ It was a 〜 day.「〜な日だった」と表すこともできる。

② It's been a long day.
長い一日だった。

③ Today was hectic.
今日は本当に忙しかった。

☞ hectic は「たいへん忙しい」という意味。

探し物をしていて…

どうしたの？

メガネとペンと猫を探しています。

英語でどう言う？ 👉

I'm looking for my glasses, pen and cat.

メガネとペンと猫を探しています。

I'm looking for ～ . は、「～を探しています」という意味の表現です。相手が行方を知っていないかどうか確認したい、もしくは相手に一緒に探してほしい、という場合にも、まずこれを言うことで状況を伝えられます。
ちなみに、search や seek も「探す」という意味を表しますが、look for ～はこの3つの中で最も使用範囲が広く、日常的によく使われる表現です。

☞ **Pattern Practice**
こんなふうに使う！

1 I'm looking for my cap.
ぼうしを探しています。

2 I'm looking for Sara.
サラを探しています。

☞ 人を探すときにも使うことができる。

3 I'm looking for a place to live.
住む場所を探しています。

☞ a place to live で「住む（ための）場所」。

急いで向かうときに…

今行きます。

I'm coming.

今行きます。

相手に呼ばれたときや会う約束があるときなどに使います。「すぐ行く」「もう向かいつつある」というニュアンスがあります。

「自分が話し相手のもとに行く、向かう」という状況では、相手から見て「こっちに来る」というニュアンスで、go ではなくcome を使います。これは相手目線で話す、英語ならではの表現です。go と come の使い分けはこの視点がポイント。

Extra Sentences
☞ **こんな言い方もできる！**

I'll be right there.

すぐに行くよ。

☞ right は「すぐに」という意味。

I'm on my way.

今向かってる。

☞ on *one's* way で「途中で」。

I'm almost there.

もう着きます。

☞ *be* almost there は「ほとんどそこにいる」＝「もう着く」という意味。

遅刻しそうな状況で…

少し遅れます。

I'm going to be a little late.

少し遅れます。

be late で「遅れる」という意味。a little「少し」という表現をつけ足して、be a little late で「少し遅れる」という意味を表すことができます。

I'm going to 〜 は「現在の状況を踏まえると、〜になりそうだ[〜しそうだ]」という推測を表すので、このフレーズは「（現在の状況を考慮すると、）少し遅れそうです」というニュアンスになります。

Extra Phrases
☞ 一緒に覚えておきたい！

1 I'm running late.
遅れています。

☞ この running は「走っている」という意味ではないことに注意。

2 I'm going to be twenty minutes late.
20分遅れそう。

☞ 具体的にどのくらい遅れるかを伝えるときに。

3 I got stuck in traffic.
渋滞にはまってしまいました。

締めくくりたいときに…

これで以上です。

That's it.

これで以上です。

会議や授業の終わりなど、場を締めくくりたいときに使えるフレーズです。また、飲食店などで注文を終えるときに「以上で大丈夫です」と言う場合にも使えます。
なお、That's it. の代表的な意味としてはほかに、「（まさに）それです」というものもあります。相手が言ったことに対して同意して、「ほんとにそうだよね」というニュアンスで使います。日常的によく使える表現なので、こちらも覚えておくと便利です。

Extra Sentences
こんな言い方もできる！

1 That's all.
これで以上です。

2 That's it for today.
今日はこれで以上です。

☞ for today は「今日のところは」というニュアンス。

3 That's it from me.
私からは以上です。

☞ 「私の方から伝えることはもうない」という意味。

匂いを嗅いで…

ミントティー茶漬けです

いい匂いがします！

英語でどう言う？

195

It smells good!

いい匂いがします！

ミントティー茶漬けです

smell は〈smell ＋形容詞〉の形で、「〜なにおいがする」という意味になります。「もの」だけでなく、「人」に対しても使うことができます。

「いい匂いがする」は It smells good. のほかに、It smells nice. や It smells sweet. のようにも言います。good の部分を言い換えて表現する場合もあると覚えておきましょう。

Extra Phrases
一緒に覚えておきたい！

1 **It smells bad.**

臭いね。

2 **What a good smell!**

なんていい匂いなの！

☞ 驚きや感動など、気持ちを強調した表現。

3 **I smell something good.**

何かいい匂いがします。

☞ この smell は「（人が）〜のにおいが分かる」という意味。

所要時間の目安を伝えるときに…

ゆっくりカップ麺て…

ゆっくり

1時間かかります。

英語でどう言う？

197

It takes an hour.

1 時間かかります。

It takes 〜 . で「〜時間／分／秒、かかります」と、所要時間の目安を伝えることができます。後ろには、ten minutes「10分」や two hours「2時間」など、時間を表す表現を続けましょう。

また、It takes 〜（for +人）to *do* ... とすると、「（人）が…するのに（時間が）〜かかる」という意味を表すこともできます。何にかかる時間なのか明確にする場合は、こちらを使います。

Pattern Practice
こんなふうに使う！

1 It takes thirty minutes.
30分かかるよ。

2 It takes an hour to finish the work.
その仕事を終わらせるには1時間かかります。

3 It takes five minutes for me to get there.
私がそこに着くまでは5分だよ。

☞ for me to get there で「私がそこに到着する」という意味。

金額を伝えて…

It costs 11,000 yen.

11000円、かかります。

It costs 〜. は「（金額が）〜かかります」という意味で、サービスの費用や商品の価格を伝えるときに使えるフレーズです。It は、金額を知りたい対象のものを指します。

また、It costs の後ろに〈人＋金額〉を続けると、「（人）に〜の金額を要する」という意味になり、誰に対してその金額がかかるのかを表すことができます。

Pattern Practice
こんなふうに使う！

1 It costs a lot.
費用がたくさんかかります。

2 It costs 100 dollars per person.
1人につき100ドルかかります。

☞ per person で「1人につき」という意味。

3 It costs us a lot of money.
たくさんのお金がかかります。

☞ It costs の後ろに〈人＋金額〉が続く形。

Doesn't it smell strange?

That's because it's summer right now!!

201

Chapter 4

反応する・相づちを打つ

相手の意見に賛成して…

トンカツを卵でとじて
みました!!

これをご飯に
のせてみるのは
どうですか？

それはいいですね。

英語でどう言う？ ☞

Sounds good.

それはいいですね。

相手の話を聞いて、ポジティブな反応を示すときに使うフレーズ。動詞の sound には「〜のような音がする」のほかに、「〜に聞こえる、〜に思われる」という意味があります。つまり Sounds good. で「いいように聞こえる、いいと思われる」＝「それはいいですね」という表現になります。

また、これは主語を省略した形なので、文頭に主語 That を置いて That sounds good. と言うこともできます。

Extra Sentences
こんな言い方もできる！

That sounds great.
それはいいですね。

Sounds nice.
いいね。

I like it!
いいね！

☞ 直訳すると「私はそれが好きだ」、すなわち「いいね」という意味になる。

笑えることがあって…

面白いですね。

That's funny.

面白いですね。

funny が表すのは、笑いが起こるような、ユーモアのある面白さです。コメディー映画やお笑い番組を見たときなど、こっけいで笑ってしまうようなときに使いましょう。「面白い」というと interesting を思い浮かべるかもしれませんが、この 2 つは面白さの種類に違いがあります。interesting は、「興味深い、関心を引き起こす」という意味での面白さを表します。

Extra Sentences
こんな言い方もできる！

That's hilarious.
それウケるね。

☞ hilarious は「すごく面白い、陽気な」という意味。「笑えるくらい面白い」というニュアンスがある。

You're funny.
あなたって面白いね。

His jokes are amusing.
彼のジョークは面白いです。

相手に同情して…

英語でどう言う？ ☞

I'm sorry about that.

それは残念でしたね。

sorry は謝るときに使う、というイメージを持っている人が多いですが、実はsorryには「気の毒に思って、かわいそうで」という意味があります。

I'm sorry about that. は、相手にあまりよくないことが起こったときに「それについて気の毒に思っています」と言うことで、「それは残念でしたね」と相手を気遣うことができる表現です。

Extra Sentences
こんな言い方もできる！

That's too bad.
それは残念でしたね。

That's a shame.
それは残念でしたね。

☞ shame は「残念なこと」という意味。

That's a pity.
それは残念でしたね。

☞ pity も shame と同じく、「残念なこと」という意味。

相手の提案を断りたくて…

ハンバーガーとコーラ!!

ご一緒に店長のサイン色紙はいかがですか?

木村
Thank you!

いいえ、結構です。

英語でどう言う? ☞

No, thank you.

いいえ、結構です。

相手からの誘いや提案を断るときのフレーズです。失礼な表現ではありませんが、言い方によっては無愛想な印象を与えてしまう可能性があります。トーンや表情には気をつけましょう。
もし心配であれば、No thank you, but thank you for asking.「結構です。でも聞いてくれてありがとうございます」のように、一言お礼の言葉をつけ加えると好感を持てますね。

☞ **Extra Sentences**
こんな言い方もできる!

No, thanks.
いいえ、結構です。

☞ No, thank you. よりもややカジュアルな表現。

No, I'm good.
いいえ、大丈夫です。

I'm fine, thank you.
大丈夫です、ありがとうございます。

相手の言っている意味が
よく分からなくて…

どういう意味
ですか?

英語でどう言う? ☞

What do you mean?

どういう意味ですか？

相手の発言の意図や内容が理解できないときに使います。相手の話自体ではなく単語などの意味が分からない場合は、What does it mean? となります。

また、このフレーズは、口調や状況によっては戸惑いや驚き、悲しみや怒りなどのニュアンスを含みます。例えば、イライラしているときに使うと、「どういうつもり?」というような怒りのニュアンスになります。

Extra Sentences
こんな言い方もできる！

I don't get it.
理解できません。

 get it は「理解する」という意味の口語表現。

What's the meaning?
どういう意味ですか？

I'm not following you.
あなたの話についていけません。

212

理解しきれなくて…

具体的に説明して
もらえますか？

英語でどう言う？ 👉

Could you be more specific?

具体的に説明してもらえますか？

相手の話がよく理解できないとき、もっと詳しく聞きたいときに使うフレーズです。specific は「明確な、具体的な」という意味の形容詞。more specific は比較級で、「（今より）もっと具体的に」となります。また、この Could you 〜?「〜してもらえますか?」は丁寧な依頼の表現です。親しい人などに使う場合は、Could you の代わりに Can you を使いましょう。

Extra Sentences
こんな言い方もできる！

Tell me more about it.
それについてもっと教えて。

Please be more specific about it.
具体的に説明してください。

☞ specific about[in] 〜で「〜に関して具体的な」という意味になる。

Please elaborate.
詳しく説明してください。

☞ elaborate は「詳しく述べる」という意味の動詞。

話の続きが聞きたくて…

こないだ電話出れなくてごめんね!!

なんか巨大な光る円盤にさらわれちゃってさ〜

それでどうなったんですか？

Then what happened?

それでどうなったんですか？

相手の話を聞くときに、相づちとして使うことができるフレーズです。then は「そのすぐあとで、それから（すぐ）」という意味なので、「それから何が起きたのですか？」＝「それでどうなったんですか？」という意味になります。
なお、What happened? は単体で、「どうしたのですか？」「何があったのですか？」と相手を心配するときにも使えるフレーズになります。合わせて覚えておきましょう。

Extra Sentences
こんな言い方もできる！

And then...?
それで…？

☞ 相手の言葉を待つイメージ。

What happened next?
次に何があったの？

So what...?
それで何なの…？

☞ 突き放すように言うと、「だから何？」「どうでもいいよ」というニュアンスになってしまうので注意。

うまく聞き取れなくて…

よろしく!!

どうも！君のお父さんの会社の同僚の息子の同級生の家庭教師の彼女が通っている美容室のウォーターサーバーのメンテナンスを担当している者です

もう一度言っていただけますか？

英語でどう言う？

217

Could you say that again?

もう一度言っていただけますか？

相手の声がよく聞こえなかったときや、一回聞いて話が理解できなかったときなどに使えるフレーズです。say that again で「それをもう一度言う」という意味。that「それ」というのは、相手が発した言葉を指しています。

日本語では「それを」と言わなくても意味が通じますが、英語では that を省略して Could you say again? とは言わないので注意しましょう。

☞ **Extra Sentences**
こんな言い方もできる！

Pardon?
もう一度言っていただけますか？

What?
なんて？

☞ かなりカジュアルな表現。

Sorry, I can't hear you well.
すみません、よく聞こえません。

☞ 電話などで相手の声が聞き取れないときに使う。

Situation 102

新しい情報を聞いて…

chapter 4 反応する・相づちを打つ

それは知りませんでした。

英語でどう言う？

219

I didn't know that.

それは知りませんでした。

会話の中で、相づちとしてよく使われる表現です。相手の話の中に自分が知らなかった情報があった、相手の話が意外性のある内容だった、という場合に使うことができます。実際の会話では、少し驚いた調子で言うと、より自然な響きになります。最後のthatは、相手の話の内容全体を指すイメージです。

Extra Sentences
こんな言い方もできる！

I never knew that.
まったく知りませんでした。

☞ never は「一度も〜したことがない」という意味なので、驚いているニュアンスが強くなる。

I have never heard of that.
今までそれを聞いたことはありません。

☞ hear of 〜で「〜のことを耳にする、〜の存在を知っている」という意味。

That's news to me.
それは初耳です。

相手のことを褒めて…

10日連続でTシャツかぶった!!

やりましたね!

You did a great job!
やりましたね！

Good job! は、「グッジョブ!」というカタカナ英語があるので知っている人が多いと思います。You did a great job! は、この Good job! と並ぶ定番の褒め言葉です。1語1語をゆっくりはっきり発音することで驚きが強調されるので、褒める度合いも強くすることができます。
ただし、同等もしくは上の立場からの言い方なので、目上の人には使わないようにしましょう。

Extra Sentences
こんな言い方もできる！

Well done!
お見事！

You made it!
やりましたね！

☞ make it で「成功する、うまくやる」という意味を表す。

Nice going!
よくやりましたね！

予想外で…

それは驚きですね。

That's surprising.

それは驚きですね。

相手の話を聞いて驚いたときに使えるフレーズです。surprising は「(人・もの) が～を驚かせるような、驚くべき」という意味の形容詞。基本的に、「ものや出来事」が「人」を驚かせる、という意味で使います。

自分を主語にして「驚いた」と伝える場合は I was surprised.「驚きました」となります。surprising と surprised を混同しないように注意しましょう。

Extra Sentences
☞ **こんな言い方もできる！**

That's unbelievable.
信じられませんね。

What a surprise!
なんて驚くべきことでしょう！

☞ What a ～! は「なんて～なんだ！」という感嘆表現。

I can't believe it.
私は信じられません。

相手に同じことを
伝えたくて…

うしろのお客さんの迷惑心ですよ!!

あなたもね。

英語でどう言う？

You, too.

あなたもね。

ネガティブな内容に限らず、相手に言われたことに対して「それはあなたも同様ですよ」と返すフレーズ。相手の発言の繰り返しを避けて、短くスマートに返すのに便利です。

例えば、Have fun!「楽しんでね！」と言われたら、You, too.「あなたもね」と答えることができます。また、You, too? と語尾を上げることで、「あなたもなの?」と確認する表現としても使えます。

Extra Sentences
こんな言い方もできる！

Same to you.
あなたもね。

☞ The same to you. と言うこともできる。

You do the same!
あなたもそうでしょ！

So are you.
あなたもね。

☞ You are ~ .「あなたは〜ですね」という発言に対して、「あなたも〜ですね」と言いたいときなどに使う。

相手の意見に同意して…

手作り
アクセサリー

「この世に一つしかない」って、欲しがる人が二人以上いて初めて言えることでは？

おっしゃる通り
ですね。

You're right.

おっしゃる通りですね。

相手の発言を肯定するフレーズです。ここでの right は、人の判断や意見などに関して「正しい、間違いのない」という意味なので、直訳すると「あなた（の判断・意見）は正しいです」となります。ただ、この直訳からイメージするほど堅い表現ではないので、軽く同意するときの相づちとして使ってOK。日本語で言う、「だよね」「分かる」のようなニュアンスで使うことができます。

Extra Sentences
こんな言い方もできる！

That's right.
その通りです。

I agree with you.
あなたのおっしゃることに賛成です。

☞ I agree with 〜 . は、人の考えや意見などに対して賛成の意を表すときに使える表現。

Exactly.
まさにそれ。

相手の説明に納得して…

店主が超能力者なもので…

そういうことですか。

That makes sense.

そういうことですか。

相手の話を聞いたときに、自分が納得したことを示すことができるフレーズです。「なるほどね」「それなら納得できるな」というようなニュアンスで、相手が何かを説明してくれたときに使うことが多いです。

make sense は「（説明などが）道理にかなう、意味が分かる」という意味。状況や気持ちが分かる、などということではなく、「合理的で理にかなっている」と感じた場合に使われます。

☞ **Extra Sentences**
こんな言い方もできる！

I see.
なるほどね。

I understand.
理解しました。

I got it.
分かりました。

 何かを頼まれて、「了解」と返す場合にも使える。

信じられなくて…

Are you kidding?

本当ですか？

普段着です!!

相手の発言の真偽をもう一度確認したいときに使えるフレーズです。kid は「冗談を言う、からかう、ふざける」という意味なので、直訳すると「あなたは冗談を言っているのですか?」という意味になります。状況によっては、「何言ってんの?」というような怒りを表現することもできます。

また、同じ kidding を使って I'm just kidding. や Just kidding. と言うと、「冗談だよ」と答える側のフレーズになります。

Extra Sentences
☞ こんな言い方もできる！

Seriously?
マジで？

☞ seriously は「本気で、まじめに」という意味。

Really?
本当に？

You're kidding me.
冗談でしょ。

相手の意見に同意して…

あなたに賛成です。

I'm on your side.

あなたに賛成です。

side の意味は「（一方の）側、〜派」なので、「私はあなたの側にいます」という意味から「私はあなたに賛成です」という意味を表すフレーズです。相手の意見を聞いて、それに同意する場合に使いましょう。

ちなみに、同じように「側にいる」というイメージから、このフレーズで「私はあなたの味方です」という意味を表すこともできます。合わせて覚えておくと便利ですね。

Extra Sentences
こんな言い方もできる！

I agree.
賛成です。

I partly agree with you.
部分的にはあなたに賛成です。

☞ partly は「部分的に」という意味。

I couldn't agree more.
大賛成です。

☞「私はこれ以上賛成できない」くらい「大賛成」ということ。

丁寧に反対したいときに…

思い切って会社をやめてプロのツチノコハンターになろうと思うんだ！！

どう思う？

申し訳ないですが
私は反対です。

英語でどう言う？

I'm afraid I disagree.

申し訳ないですが私は反対です。

「申し訳ないですが」の部分は、I'm afraid で表します。これを最初につけることで、相手の意見に反対する場合でも、自分の意見をやわらかく丁寧に伝えることができます。

disagree は「意見が合わない、反対する」という意味で、dis には「否定」の意味合いがあります。agree「賛成する」と disagree「反対する」をセットで覚えておきましょう。

Extra Sentences
こんな言い方もできる！

I don't think so.
私はそうは思いません。

I can't agree with that.
それには賛成できません。

I'm against it.
私はそれに反対です。

☞ against には「〜に反対して」という意味がある。

軽く相づちを打って…

ごめんなさい!! 私 伸ばし棒が入った飲み物 飲めないの!!

そうなんですか?

英語でどう言う？ ☞

Is that so?

そうなんですか？

相手の話を聞いているときに、軽い相づちとして使えるフレーズです。「ふーん」「へえ〜」のようなニュアンスで使うことができます。
また、イントネーションを変えることで、相手の発言に驚いたときや発言の内容を確認したいときにも使うことができます。単純に相づちとして使う場合は、文末を下げて言いましょう。逆に文末を上げると、驚きを表現することができます。

☞ **Extra Sentences**
こんな言い方もできる！

Is that right?
そうなの？

Oh, really?
あ、そうなんですか？

Oh, I see.
へえ、そうなんですね。

☞ I see. は「なるほど」という意味の表現。

相手を祝福して…

よかったですね。

英語でどう言う？ ☞

Good for you.

よかったですね。

相手の嬉しいニュースに対して、「よかったじゃん」と共感したり、祝福の気持ちを表したりするときに使うフレーズです。皮肉として「よかったね」と言う場合にも使われるので、トーンや表情には気をつけましょう。

また、これは主語と動詞がない形ですが、It is good for you.のようにすると「それは体にいいですね」という、まったく異なる意味になってしまうので注意。

Extra Sentences
こんな言い方もできる！

That's good!
よかったですね！

I'm glad to hear that.
それはよかったですね。

☞ I'm は省略することもできる。

Good to hear.
それを聞いてよかったです。

気持ちが高ぶって…

「たぶ」No.1決定戦

バスタブ vs 耳たぶ

いよいよ始まるよ!!

わくわくしますね!

I'm so excited!

わくわくしますね！

excited は「（人が）わくわくした、興奮した」という意味。何かに対して自分の感情が高ぶったときに、このフレーズを使って気持ちを表現しましょう。

なお、「人」ではなく「もの」について「わくわくするような〜」と言う場合は、exciting を使うことに注意が必要です。例えば、「わくわくする試合」なら an exciting game となります。

Extra Sentences
こんな言い方もできる！

I'm so thrilled!
わくわくしますね！

👉 thrilled は「わくわくして」という意味の形容詞。

I can't wait!
待ちきれません！

I'm excited about joining the class.
その授業に参加することにわくわくしています。

👉 be excited about 〜で「〜にわくわくしている」という意味。何にわくわくしているのかを about の後ろで説明する。

242

理解があいまいで…

この道をがーって行ってクッて行ってヒューっと行ってぐいっと入ってからまたガーっと行ったら駅です

わかった？

ミニこ

ちょっとよく分かりません。

英語でどう言う？

I'm not sure.

ちょっとよく分かりません。

be not sure は「確信がない、自信がない」という意味。理解や記憶があいまいで自信のないときに、「知らない」「分からない」と、やわらかく伝えることができるフレーズです。

about を続けると、I'm not sure about that place.「その場所についてはよく分かりません（定かではありません）」のように、具体的に何が分からないのかを伝えることができます。

Extra Sentences
こんな言い方もできる！

I'm afraid I don't know.

申し訳ありませんが、分かりません。

☞ I don't know. のみだと、少しぶっきらぼうな印象を与えてしまうこともあるので注意。

I have no idea.

分かりません。

☞ ここでの idea は日本語で言う「アイディア」ではなく、「見当、想像」といった意味。

I don't understand.

理解できません。

相手と自分が同じときに…

英語でどう言う？ 👉

英語ではこう言う！

Same here.

私もです。

直訳すると「ここも同じ」となりますが、「ここ」が「私」を指すイメージで、「私も同じ（意見）です」という意味になります。定型表現として覚えておきましょう。

ちなみに、「私も」という表現でよく知られている Me, too. は、否定文に対して同意する場合には Me, neither. となります。その一方で、Same here. は形を変えることなく使える、とても便利な表現です。

Extra Sentences

こんな言い方もできる！

Me, too. / Me, neither.
私も。

I feel the same way.
私もそう思います。

 the same way で「同じように」という意味。

So do I.
私もそうですよ。

提案を受け入れて…

もちろんです。

Sure.

もちろんです。

OK. や Yes. と同じように、相手からの依頼や要望、提案を承諾するときの返事として使うことができます。渋々ではなく、快く承諾するという前向きなニュアンスがあります。

また、この表現はカジュアルな場面はもちろん、フォーマルな場面でも使うことができる万能なフレーズです。一方で、OK. はフォーマルな場面ではふさわしくないことも多いので、注意しましょう。

Extra Sentences
こんな言い方もできる！

Of course.
もちろん。

No problem.
いいですよ。

Sure thing.
もちろん。

カジュアルな場面で使われる口語表現。

感想を尋ねて…

楽しかったですか？

Did you like it?

楽しかったですか？

「あなたはそれを気に入りましたか？」と言うことで、相手の感想を尋ねるフレーズです。相手が体験したことに対して感想を尋ねる場合は、「楽しかったですか？」のような意味になります。食べたものに対してなら、「おいしかったですか？」となりますね。

もっと具体的に感想を聞きたい場合は、How did you like it?「どれくらい気に入りましたか？（＝どうでしたか？）」を使うこともできます。

Extra Sentences
こんな言い方もできる！

Did you enjoy it?
それは楽しかったですか？

Did you have fun?
楽しかった？

☞ have fun で「楽しむ」という意味。

Did you have a good time?
楽しかったですか？

相手に共感して…

こぶ茶って、おいしいけど、お茶のカテゴリに入れることに若干の違和感がありますよね

分かります。

 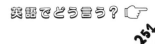

I know.

分かります。

相手の話に共感を示したいとき、日本語で「分かる」と言いますよね。英語でも日本語と同じように、I know.「分かります」というフレーズで共感を示すことができます。これは比較的カジュアルな表現です。

また、I know. は「（ある情報を）知っています」という意味でも使うことができます。相手がこのフレーズを使った場合、どちらの意味で使われているのかは話の流れから判断しましょう。

☞ **Extra Sentences**
こんな言い方もできる！

I hear you.

言いたいことは分かります。

☞ I hear what you are saying. と言うこともできる。

I understand how you feel.

あなたの気持ちは分かります。

☞ how you feel は「あなたがどう感じているか」という意味。

I feel for you.

気持ち、分かるよ。

考える時間が欲しいときに…

お礼に小さいつづらと大きいつづらとオリジナルクオカード一万円分のどれかをさし上げます!!どれにしますか?

そうですねえ…

Let me see...

そうですねえ…

会話の中で、間をつなぐ言葉として使われる定型表現です。ここでの see は「見る」ではなく「考える」という意味。let は「(人)に〜させる」という意味なので、直訳すると「私に考えさせてください」という意味になります。

質問の答えがすぐに出てこないときなど、考える時間を確保するために使うことができます。英単語や英語表現がパッと出てこないときにも使えるので、とても役立つフレーズです。

Extra Sentences
こんな言い方もできる！

Well...
ええと…

Let's see...
そうですねえ…

You know...
ほら、あの…

☞「あなたは分かるよね(知ってるよね)」というニュアンス。

言葉に詰まったときに…

新アニメ会議

家族を鬼に殺された少年が鬼になった妹と旅をして鬼を倒していくんです!! 新しくないですか!?

うーん

どう言えばよいか…

英語でどう言う？☞

How should I say...

どう言えばよいか…

伝えたいことはあるが、どのように説明・表現したらいいか分からないというときに使えるフレーズです。相手に言いにくいことを伝えようとするときだけでなく、単語や表現を忘れてしまったときや、思い出すのに時間がかかるようなときにも使えます。便利な表現なので、必ず覚えておきましょう。また、How can I say... や How do I say... というフレーズでも、同じ意味を表すことができます。

Extra Sentences
こんな言い方もできる！

I don't know what to say.
何と言うべきか分かりません。

🔸 what to do は「何を〜するべきか」という意味。

How can I put it in Spanish?
それはスペイン語で何と言うのですか？

🔸 put A in B で「A を B（の言語）で言う」という意味になる。

How should I put it?
どう言えばよいのでしょう？

混乱して…

メンバーカラーは青月です!!

私は群青色です!!

私は藍色です!!

私はインディゴブルーです!!

私はロイヤルブルーです!!

ん？。

分かりにくいですね。

英語でどう言う？ ☞

It's confusing.

分かりにくいですね。

confusing は「(人を) 困惑させる、混乱させる、(人にとって) 分かりにくい」という意味です。「ややこしい、複雑だ」というニュアンスがあります。

なお、「(人が) 困惑した、混乱した」と表す場合は confused を使います。自分の感情を表して「混乱しています」と伝えたいときは、I'm confused. と言いましょう。

Extra Sentences
こんな言い方もできる！

It's complicated.
複雑ですね。

 complicated は「複雑な、難しい」という意味。

It's not clear.
あいまいですね。

 「簡潔ではない」というニュアンス。

It's difficult to understand.
分かりにくいですね。

幸運を願って…

焦ったー!!

ハハハ

こないだ彼女が男と手つないで歩いてたから誰だか聞いたら弟だって!!

そうだといいですね。

英語でどう言う？ ☞

I hope so.

そうだといいですね。

相手の発言を受けて、「そう望んでいる」「それを期待している」と言いたい場合に使います。「どうなるかは分からないけど、そうなることを願っている」というニュアンスです。

また、I hope so. は相手の発言を肯定するものですが、「〜ではない」という内容を受けるときは I hope not.「そうでないといいですね」となります。I don't hope so. とは言わないことを押さえておきましょう。

Extra Phrases
一緒に覚えておきたい！

I think so.

私もそう思います。

I don't think so.

私はそうは思いません。

☞ I hope not. のように I think not. とは言わない。

I suppose not.

私はそうではないと思います。

ワンポイントレッスン！

No way! No way!
No waaaaaaay!!

That's a waste of time!!

Chapter 5

相手を気遣う・励ます

相手を待たせて
しまうときに…

お待ちいただいても
よろしいですか？

英語でどう言う？ ☞

Do you mind waiting?

お待ちいただいてもよろしいですか？

何や、てんだ もたもた すんなよー!!

さっさと必殺技 出せよー!!

相手を待たせてしまうときの気遣いとして使える表現です。mindは「（人が）〜するのをいやだと思う」という意味の動詞なので、直訳すると「あなたは待つのをいやだと思いますか？」となります。
Do you mind turning on the light?「電気をつけていただけませんか？」のように、Do you mind *doing* 〜？「〜していただけませんか？」という形を応用できるといいですね。

Extra Sentences
こんな言い方もできる！

1 **Just a second.**
ちょっと待って。

2 **Wait a minute.**
ちょっと待ってね。

3 **Would you wait for a moment?**
少々お待ちいただけますか？

☞ Would you 〜？はフォーマルな表現。

相手に用があって…

借り物競走？

目が
アットマーク
の人

少し時間
ありますか？

目が
マットマーク

英語でどう言う？ ☞

Do you have a minute?

少し時間ありますか？

人に話しかけたいときやお願いがあるときに使います。minute は「(時間の) 分」という意味ですが、ここでは実際に1分だけ時間があるのかを聞いているわけではなく、「ちょっといいですか？」というようなニュアンスで使う定型表現として知られています。

また、Do you have a moment? や Do you have a second? というフレーズでも、ほぼ同じ意味を表すことができます。

Extra Sentences
こんな言い方もできる！

1 Do you have a few minutes to spare?

少しお時間いただけますか？

☞ spare は「(時間) を割く」という意味の動詞。

2 Are you free now?

今、時間ある？

3 Do you have time now?

今、お時間よろしいでしょうか？

相手を招いて…

英語でどう言う？

Please have a seat.

どうぞお座りください。

have a seat で「座る、席に着く」という意味。このフレーズは丁寧な表現なので、目上の人やお客さんに対しても、失礼なく使うことができます。

Please sit down. という表現が浮かんだ人も多いかもしれませんが、sit down には命令して座らせるようなニュアンスがあります。直接的で強い響きになるため、使う状況によっては注意が必要です。

Extra Sentences
こんな言い方もできる！

① Please take a seat.

どうぞお座りください。

☞ イギリス英語では take a seat と言うことも多い。

② Please be seated.

どうぞご着席ください。

☞ 大勢の人々に向かって「着席してください」と言いたいときに使う。

③ Please have a seat wherever you like.

お好きな席にお座りください。

招待した相手を気遣って…

なるほど、これがハンモックなのですね!!ありがたく使わせていただきます!!

ビシッ

ゆさ

ゆさ

どうぞおくつろぎください。

英語でどう言う？👉

Please make yourself at home.

どうぞおくつろぎください。

ゲストを自宅や自分の会社に招待したときなどに、気遣いを伝えることができるフレーズです。make yourself at home は、「あなた自身を家にいる状態にする」＝「くつろぐ」というような意味合いです。このフレーズは、「自分の家のようにしていいよ」というそのままの意味です。日本人のようなおもてなしではなく、「何でも勝手にしていいよ」というのがアメリカの基本のスタイルです。

Extra Sentences
こんな言い方もできる！

① **Be my guest.**
どうぞご自由に。

② **Please make yourself comfortable.**
どうぞおくつろぎください。

☞ comfortable は「快適な」という意味。

③ **Please relax.**
くつろいでくださいね。

☞「肩の力を抜く」というニュアンスが強い。

相手をもてなして…

勇者の剣を抜けなかった人にも引き抜ける剣!?

ご自由にお持ち帰りください。

Please feel free to take it.

ご自由にお持ち帰りください。

Please feel free to *do* 〜. という
フレーズを使って、「ご自由に〜し
てください」と伝えることができま
す。相手をおもてなしするときや、
相手に何かを勧めるときなどに使
います。

日本人がよく言う、「ご遠慮なく〜
してください」「お気軽に〜してく
ださい」にも近い表現です。今回
の「ご自由にお持ち帰りください」
というフレーズはよく使うので、そ
のまま覚えておきましょう。

Pattern Practice
☞ **こんなふうに使う！**

① **Please feel free to take pictures.**
ご自由に写真をお撮りください。

② **Please feel free to use this computer.**
こちらのコンピューターはご自由にお使いください。

③ **Please feel free to ask me anything.**
遠慮なくご質問ください。

☞ anything は「何でも」という意味。

何かを勧めて…

できるだけ味のない飲み物あります？

コーヒーもコーラも味あるし…お茶かぁ…お茶も味あります もんね…

MENU

お水はいかが ですか？

英語でどう言う？ ☞

英語ではこう言う！

Would you like some water?

お水はいかがですか？

Would you like ～？は、「～はいかがですか？」と相手に何かを勧めたり、要望を伺ったりするときに使える表現です。would like は want の丁寧な表現なので、Do you want ～？よりも Would you like ～？の方が丁寧な聞き方になります。

後ろに to do を続けて Would you like to do ～？とすれば、「～するのはいかがですか？」と尋ねることもできます。

Pattern Practice
こんなふうに使う！

1 Would you like something to drink?
何かお飲み物はいかがですか？

☞ something to drink で「何か飲むための物」＝「飲み物」という意味になる。

2 Would you like something to eat?
何か食べ物はいかがですか？

3 Would you like a blanket?
毛布はいかがですか？

手渡しながら…

あのー、何だっけ、あの、切るやつ!!

どうぞ。

英語でどう言う？

Here you are.

どうぞ。

相手に何かを手渡すときに使うフレーズです。カジュアルな場面でもフォーマルな場面でも使います。無言で手渡すのは失礼になりうるので、このフレーズがスッと出てくるようにしておきましょう。

また、Here it is. もほぼ同じような意味の表現ですが、こちらは「あなたが探していたものはここにありますよ」というニュアンスがあります。単純に物の場所を伝えているようなイメージです。

Extra Sentences
こんな言い方もできる！

① Here you go.
どうぞ。

☞ Here you are. よりもややカジュアルな表現。

② There you are.
はい、どうぞ。

③ There you go.
はい、どうぞ。

相手を案内して…

こちらへどうぞ。

英語でどう言う？

This way, please.

こちらへどうぞ。

相手をどこか別の場所に案内するときに使うフレーズです。向かう方向を手で指し示しながら使いましょう。レストランなどの飲食店の店員が、お客さんを席まで案内するときなどによく使われます。また、飲食店に限らず、ビジネスの場面でお客さんを会議室へ案内したいときや、訪問者に施設内を案内するときなどにも使うことができます。

Extra Sentences
☞ **こんな言い方もできる！**

① **I will take you there.**
お連れしますよ。

② **Please follow me.**
ついてきてください。

☞ follow は「〜のあとについて行く」という意味。

③ **I'll show you to your table.**
お席までご案内します。

☞ 日本語で言う「席」を英語では table と表すことに注意！

相手の理解度を
確認したいときに…

まずパンツをはいて、その上からズボンをはいてください!!

分かりましたか?

英語でどう言う? ☞

Have you got it?

分かりましたか？

まずパンツをはいて、その上からズボンをはいてください!!

自分の話や説明に対して、相手が理解しているかどうかを確認するときに使えるフレーズ。get it は「理解する、分かる」という意味で、Did you get it? でもほぼ同じ意味を表すことができます。また、少し省略して Got it? や You got it? などと言うこともあります。これらはかなりカジュアルな言い方なので、相手に応じて使い分けましょう。

Extra Sentences
こんな言い方もできる！

① Does this make sense?
分かりますか？

☞ make sense で「道理にかなう、意味が分かる」。

② Do you understand?
理解できていますか？

☞ 相手の理解力を問うニュアンスがあり、失礼に聞こえることもあるので注意。

③ Are you following me?
ここまで理解できてる？

☞「話についてこられてる?」というニュアンス。

大変そうな人を見て…

何かお手伝い
しましょうか？

英語でどう言う？ ☞

Can I help you with something?

何かお手伝いしましょうか？

手伝いを申し出るときの定番フレーズ。〈help ＋ 人 ＋ with 〜〉で「(人) の〜を手伝う」という意味です。something「何か」と言うことで、具体的に何とは言わないが「手伝えることはないか」と相手を気遣うことができます。

具体的に手伝う内容を言う場合は、Can I help you with your task?「仕事を手伝いましょうか？」のように with の後ろにその内容を入れましょう。

Extra Sentences

こんな言い方もできる！

1 **Is there anything I can do?**
何か手伝えることはある？

2 **Would you like some help?**
お手伝いしましょうか？

3 **Please let me know if you need anything.**
何か必要なことがあれば言ってください。

☞ let me know で「私に知らせる」という意味。

ウロウロとしている様子を見て…

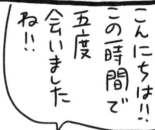

道に迷ったのですか？

英語でどう言う？

Are you lost?

道に迷ったのですか？

道に迷っている様子の人に声をかけるときに使えます。lost は「道に迷った」という意味です。地図や携帯電話を見ながらキョロキョロとして困った様子の外国人がいたら、勇気を出して声をかけてみましょう。
また、関連表現として get lost「道に迷う」という熟語も覚えておくと便利です。例えば、Don't get lost.「道に迷わないでね」のように使います。

Extra Phrases

一緒に覚えておきたい！

1 I'm lost.

道に迷っちゃった。

☞ 迷っている最中に使う。

2 I'm sorry I got lost.

すみません、道に迷ってしまって。

☞ 遅刻したときの言い訳としてもよく使われる。

3 I get lost easily.

方向音痴なんです。

☞ 直訳すると「私は簡単に道に迷う」という意味。

相手を心配して…

どうしたのですか?

What's up?

どうしたのですか？

What's up? は「やあ」という意味で軽いあいさつとして使われることが多い表現ですが、「どうしたの？」「何かあったの？」と相手を心配して尋ねるときにも使えるフレーズです。相手の様子がいつもと違うとき、相談があると言われたとき、などに使いましょう。
カジュアルな表現なので、目上の人には使わないように注意が必要です。下で紹介しているほかの表現も、合わせて覚えておきましょう。

Extra Sentences
こんな言い方もできる！

1 **Are you all right?**
大丈夫ですか？

☞ all right で「大丈夫で」という意味。

2 **Are you OK?**
大丈夫？

3 **What's wrong?**
どうしたの？

相手を安心させたくて…

大丈夫ですよ。

I'm all right.

大丈夫ですよ。

all right で「大丈夫」という意味。このフレーズは、相手に心配されたときに「（私は）大丈夫ですよ」と伝えて相手を安心させるための表現です。

また、That's all right. も似た表現ですが、こちらは相手に謝られたときに「大丈夫だよ」と答える表現として使われます。「気にしないで」というニュアンスです。I'm all right. と区別して覚えておきましょう。

Extra Sentences
こんな言い方もできる！

① That's fine.
問題ないよ。

☞「構いませんよ」「問題ありませんよ」というニュアンス。

② That's OK.
大丈夫だよ。

③ No worries.
気にしないで。

☞ worries は worry「心配事」の複数形。「何も心配することはありませんよ」というニュアンスになる。

相手に寄り添って…

うわー!!パンが食べきれないけど

袋の口をといる方法がない!!

ピョン

私がついています。

英語でどう言う？ ☞

I'm with you.

私がついています。

直訳すると「私はあなたと一緒にいます」ですが、そこから「（あなたには）私がついています」という意味合いになります。物理的に一緒にいる、という意味だけでなく、精神的に相手に寄り添ったりサポートしたりする、という意味合いで使うことができます。

また、I'm with you. はほかにも、「同感です」「賛成です」のような意味で使われることもあります。一緒に覚えておくと便利です。

Extra Sentences
こんな言い方もできる！

① I've got your back.
私がついているよ。

☞「背中を守っている」というイメージから、「私がついているよ」という意味になる。

② I'm here for you.
私がそばにいるよ。

③ I'm in your corner.
あなたの味方だよ。

落ち込んでいる相手を励まして…

うっわー‼️
超スーパー
アルティメット凶
だ‼️

おみくじ

そういうことも
ありますよ。

英語でどう言う？ 👉

TRACK 137

It happens.

そういうこともありますよ。

失敗して落ち込んでいる相手を励ましたいときに使えるフレーズです。失敗したときだけでなく、何か悪いことが起きたときに相手を慰める場合にも使います。
happen は「（出来事などが偶然に）起こる、生じる」という意味。It happens. は「それは起こります」という意味から、「それはよくあることです」「そういうこともあります」という意味を表すフレーズとして使われます。

Extra Sentences
こんな言い方もできる！

1 **Things like that happen.**
そういうこともあるよ。

2 **That's life.**
そういうものだよ。

☞ 直訳すると「それが人生だ」という意味。

3 **It's just one of those days.**
こういう日もあるよ。

☞ one of those days は「ツイてない日」という意味で使われるイディオム表現。

相手を元気づけたくて…

今日からメがネなのに誰にも気付かれなかった…

元気を出して
ください！

英語でどう言う？

Cheer up!

元気を出してください！

今日から、メガネなのに誰にも気付かれなかった…

悲しんでいる人や落ち込んでいる人を励ましたり元気づけたりしたいときに使えるフレーズです。「頑張れ！」「くよくよしないで！」というニュアンスで使います。

cheer は「元気を出す」という意味で、up「上へ、高まって」がポジティブなニュアンスを強調しています。cheerleading「チアリーディング」も、cheer を含む語です。相手を応援する、励ます、というイメージを押さえましょう。

Extra Sentences
こんな言い方もできる！

① **Everything will be fine.**

すべてうまくいくよ。

② **Keep your head up!**

元気出して！

☞ 直訳すると「頭を上げたままにして」という意味。

③ **Chin up!**

元気出して！

☞ chin は「あご」。「あごを上げて」＝「元気を出して」という意味になる。

一生懸命な相手を
気遣って…

生ビール20
持っていき
まーーす!!

プル…

プル…
プル…

無理しないで
くださいね。

Don't work too hard.

無理しないでくださいね。

一生懸命に頑張っている人への気遣いとして、「頑張りすぎないでくださいね」という気持ちを伝えるフレーズです。
too には「〜すぎる、必要以上に〜」という意味があります。work hard で「一生懸命に働く／努力する」という意味ですが、ここに too が加わることで「度を超えて働きすぎる」というニュアンスになります。

Extra Sentences
☞ **こんな言い方もできる！**

① Take care.
無理しないでね。

☞ 体調が悪そうな人を心配するフレーズ。
カジュアルな場面で使う。

② Don't push yourself too hard.
頑張りすぎないでね。

③ Don't be too hard on yourself.
無理しないで。

☞ be hard on 〜は「〜に厳しい」という意味なので、「自分自身に厳しくしすぎないでね」というニュアンス。

不安になっている相手を見て…

手に「人」と書いて飲む

だけじゃ不安だから

紙に書いて

食べます!!

わっし

わっし

わっし

気楽にね！

英語でどう言う？ ☞

Take it easy!

気楽にね！

焦りや不安を感じている人や、心配事がある人に対して使えるフレーズです。「落ち着いて頑張ってね」「あまり深く考えすぎず、気楽にね」といったニュアンスが込められています。

easy は「簡単な」という意味でよく知られていますが、ここでは「楽な、気楽な」という意味です。直訳すると「それを気楽に受け取ってください」となります。

Extra Phrases
☞ **一緒に覚えておきたい！**

1 Relax!
リラックスして！

2 Calm down.
落ち着いて。

☞ 怒ったりイライラしたりしている相手にも使う。

3 Take your time.
どうぞごゆっくり。

☞ 「焦らなくていいですよ」「ゆっくりでいいですよ」というニュアンス。

相手に謝られたときに…

気にしないでください。

Never mind.

気にしないでください。

相手が自分のことを心配して気にかけてくれたり、相手から何か謝られたりしたときに使えるフレーズです。

この mind は「～を気にする」という意味。日本語では「気にしないで」の意味で「ドンマイ！（Don't mind!）」と言いますが、英語では Never mind! となります。Don't mind. は、何かお願いをされたときに「構いませんよ」と答えるときに使います。

1 Don't worry about it.
それは心配しないで。

2 It's no big deal.
大したことないよ。

☞ 謙遜や「全然平気だよ」「気にしないで」という気持ちを表す。big deal で「大事なこと」という意味。

3 Forget it.
もういいよ。

☞ 「忘れて」＝「もういいよ」「気にしないで」という意味。

相手を応援して…

何の種目？

三三

優勝するぞ!!

大会、頑張ってください！

英語でどう言う？

Good luck with the competition!

大会、頑張ってください！

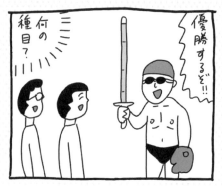

英語では、「頑張って」を「幸運を祈っているよ」というニュアンスで伝えます。
Good luck.「成功を祈ります」「幸運を祈ります」という表現があり、この luck の後ろに with をつけると、何に関して成功を祈っているのかを伝えることができます。with の後ろには、exam「試験」や presentation「プレゼンテーション」など、具体的な物事を指す名詞を入れましょう。

Pattern Practice
こんなふうに使う！

① Good luck with the entrance exam!
入試、頑張ってね！

☞ entrance exam で「入試」という意味になる。

② Good luck with the presentation tomorrow!
明日のプレゼンテーション、頑張ってね！

③ Good luck with your interview!
面接、頑張ってね！

☞「面接」は interview と表す。

相手を信じる
気持ちを示して…

しっかり持ってますんで、3.2.1・バンジーで飛んでください!!

信頼していますよ。

英語でどう言う？

TRACK 143

I trust you.

信頼していますよ。

「〜を信頼する」は trust で表します。相手との信頼関係を深めたいとき、相手への信頼を伝えたいときに使えるフレーズです。
また、believe という単語を使って表すこともできます。believe in 〜 で「（人）を信用する」という意味なので、I believe in you. の形で I trust you. とほぼ同じ意味を表します。どちらかと言うと、believe よりも trust の方が信じる度合いが強い語です。

Extra Sentences
☞ **こんな言い方もできる！**

① **I have confidence in you.**
信頼しているよ。

☞ confidence は「（理性や証拠に基づく）信頼、信用」という意味。

② **I'm counting on you.**
頼りにしているよ。

☞ count on 〜 で「〜を頼る」。

③ **I trust you completely.**
心から信頼しているよ。

祝福したいときに…

祝！昇進

ぐい

昇進、おめでとう ございます！

Congratulations on your promotion!

昇進、おめでとうございます！

Congratulations!「おめでとう！」というフレーズを知っている人は多いと思いますが、後ろに on を続けることで祝う内容を具体的にして「〜、おめでとう！」と伝えることができます。

また、この表現で使う場合には、congratulation の後ろに必ず s がつきます。よく間違われやすい部分なので、ここで押さえておきましょう。

Pattern Practice
こんなふうに使う！

1 **Congratulations on your graduation!**
卒業、おめでとう！

2 **Congratulations on your new job!**
転職、おめでとう！

☞ 直訳すると「新しい仕事、おめでとう」。

3 **Congratulations on your wedding!**
結婚、おめでとう！

☞ 「結婚」ではなく「婚約」なら、your engagement となる。

成功した相手に対して…

一回もむせずにきなこ餅を完食しました!!

もぐ もぐ

努力の甲斐がありましたね。

英語でどう言う？

It was worth the effort.

努力の甲斐がありましたね。

worth は「〜の価値がある、〜に値する」という意味。「それはその努力に値しました」という意味から「努力の甲斐がありましたね」という意味合いになります。

努力の結果、その努力に見合った成果が得られたときに、このフレーズを使って相手の労をねぎらうことができます。worth はいろいろな場面で使えるので、下で紹介している例文で使い方を押さえておきましょう。

Extra Phrases
一緒に覚えておきたい！

① ## It was worth the cost.
費用に見合っていますね。

② ## It's worth seeing.
それは見る価値があるよ。

☞「〜する価値がある」と言う場合は、worth *doing* の形で表す。

③ ## It was worth the wait.
待った甲斐があったね。

相手を褒めたたえて…

見て

首から一本だけすごい長いも生えてた

ぴろーーん

ーえっ!?

自分を誇りに思うべきですよ。

英語でどう言う？ ☞

You should be proud of yourself.

自分を誇りに思うべきですよ。

be proud of 〜は「〜を誇りに思う」という意味。このフレーズは、「すごいね」と相手を褒めるニュアンスで使います。相手が何かを達成したり成果を出したりしたときに、一言かけてあげましょう。

また、should は「〜すべきだ」という意味ですが、この日本語訳から想像するほど強い意味ではありません。今回のフレーズの場合、「誇りに思った方がいいよ」というニュアンスです。

Extra Phrases

☞ **一緒に覚えておきたい！**

① **I'm proud of you.**
あなたのことを誇りに思うよ。

② **You should be proud of your achievement.**
自分の功績を誇りに思うべきですよ。

☞ achievement は「業績、功績」という意味。

③ **He takes pride in his job.**
彼は自分の仕事に誇りを持っています。

☞ take pride in 〜で「〜に誇りを持っている」。

相手の安全を願って…

出前行ってきまーーす!!

お足元に
お気をつけください。

英語でどう言う？

342

Watch your step, please.

お足元にお気をつけください。

出前行ってきまーす！！

チョ チョ

段差がある場所や足元が不安定な場所にいる相手を気遣うフレーズです。watch には「〜に注意する」、step には「足の運び、足どり、段」という意味があるので、watch *one's* step で「足元に気をつける」という意味合いになります。

なお、イギリスでは watch your step の代わりに、mind the gap という表現が使われることも多いです。

~~~~~~~~~~~~~~~~~~~~~~~~~~

Extra Phrases
一緒に覚えておきたい！

① Watch out!
気をつけて！

② Mind your head.
頭上に注意してください。

☞「頭をぶつけないように気をつけてください」というニュアンス。

③ Get home safely.
気をつけて帰ってね。

☞ 別れ際のあいさつとして使えるフレーズ。

相手の身なりを褒めて…

カジュアルなモナリザ

パーカーが似合っていますね。

英語でどう言う？

You look good in your hoodie.

パーカーが似合っていますね。

カジュアルなモナリザ

look は「～に見える」という意味。You look good を直訳すると「あなたはいいように見える」となるので、You look good in ～ . で「あなたは～を身にまとってよく見える」＝「あなたは～が似合う」という意味を表すことができます。服装や色などが似合っている、と相手の身なりについて褒めるときに使いましょう。good をゆっくりめに言うと、褒めている気持ちを強調することができますよ。

Pattern Practice
こんなふうに使う！

1 **You look good in a suit.**
スーツ、似合うね。

2 **You look good in blue.**
青が似合うね。

☞ 「色がその人に似合っている」という意味も表すことができる。

3 **You look good in jeans.**
ジーンズが似合うね。

不調な相手を気遣って…

最近、語尾が龍馬になってしまうぜよ

早くよくなるように願っています。

英語でどう言う？

I hope you get better soon.

早くよくなるように願っています。

最近語尾が龍馬になってしまうぜよ

体調の悪い相手を気遣うときのフレーズです。I hope 〜 . は「〜を願っています」という意味で、「（あなたが）〜するように願っています」は I hope you *do* 〜 . の形で表します。get better は「（人が）病気から回復する」という意味の表現です。

また、主語の I を省略して Hope you get better soon. と言うこともできますが、I hope とした方がより改まった表現となります。

~~~~~~~~~~~~~~~~~~~~~~~~~~~~~~

Extra Sentences
☞ **こんな言い方もできる！**

① **Look after yourself.**
ご自愛ください。

☞ look after 〜で「〜の世話をする」。

② **Take care of yourself.**
お大事に。

☞ take care of 〜で「〜の世話をする、〜の面倒を見る」。

③ **I wish you a speedy recovery.**
速やかなご回復を願っています。

相手の背中を押して…

この本を読めば、人を意のままに操ることができます!!

ふーん

人を操る方法

試しにやってみてください。

Give it a try.

試しにやってみてください。

「やってみなよ！」と相手を鼓舞するときや背中を押すときに使える表現です。give A B で「A に B を与える」という意味。try は「試み、試し」という意味なので、give it a try は「それに試しを与える」＝「試しにやってみる」という意味になります。

例えば、Give it a try and see what happens.「試しにやってみて、どうなるかはそれから見てみよう」のようにも使います。

☞ **Extra Sentences**
こんな言い方もできる！

① Let's give it a shot.
とりあえずやってみよう。

☞ try より shot「試み、企て」を使う方がよりカジュアルな表現になる。

② It's worth a try.
やってみる価値はあるよ。

③ Why not take a chance?
思い切ってやってみたらどう？

☞ Why not 〜? は「〜してみたらどう？」と相手に提案する表現。
take a chance で「思い切ってやってみる」。

ワンポイントレッスン！

That would not be allowed, if it were the Stone Age!!

I kind of get it!!

絵 おほしんたろう Shintaro Oho

1985 年佐賀県生まれ。九州大学卒業。**2009** 年にワタナベエンターテインメントに所属し、お笑い芸人に。**2014** 年から **Twitter** にイラストネタをアップし、話題を集める。現在、サガテレビ「かちかち **Press**」／ **FBS**「バリはやッ!**ZIP**!」／ **TNC**「福岡に音楽番組をつくりたい!」などにレギュラー出演中。NHK『ケータイ大喜利』レジェンド、『週刊ファミ通』はがき職人「塩味電気」としても知られる。

著者 メディアビーコン MediaBeacon

語学教材に特化した教材制作会社。TOEIC、英検をはじめとする英語の資格試験から、中学・高校英語、英会話、ビジネス英語まで、英語教材全般の編集制作を幅広く行う。また、同時に TOEIC テストのスコアアップを目指す方のための指導も行っている。著書に『TOEIC L&R TEST 990 点獲得 全パート難問模試』(ベレ出版)、『寝る前 5 分暗記ブック英会話フレーズ集〈基礎編〉』『寝る前 5 分暗記ブック英会話フレーズ集〈海外旅行編〉』『寝る前 5 分暗記ブック TOEIC テスト単語 & フレーズ』(Gakken)などがある。YouTube「ビーコンイングリッシュ チャンネル」では、英語学習者のために役立つ情報を配信中。メディアビーコンの公式 LINE では、TOEIC テストのスコアアップに役立つ情報を発信中。
友だち登録は右の二次元コードから。

おほ英会話

ブックデザイン	佐藤亜沙美 (サトウサンカイ)
協　　　力	株式会社ワタナベエンターテインメント (田中享輔)
企 画 編 集	株式会社メディアビーコン (山田優月)
英 文 校 閲	Billie S
音 声 収 録	一般財団法人英語教育協議会(ELEC)
デ ー タ 作 成	株式会社四国写研
印 刷 所	株式会社リーブルテック